航运安全监管过失刑事责任研究

姚瑶 / 著

Research on the Criminal Responsibility of
Negligence in Shipping Safety Supervision

图书在版编目（CIP）数据

航运安全监管过失刑事责任研究/姚瑶著.—北京：知识产权出版社，2021.12

ISBN 978-7-5130-7169-7

Ⅰ.①航… Ⅱ.①姚… Ⅲ.①航运—交通运输管理—过失（法律）—刑事责任—研究—中国 Ⅳ.①D922.296.4

中国版本图书馆 CIP 数据核字（2020）第 248419 号

责任编辑：庞从容　　　　　　　　责任校对：王　岩
执行编辑：赵利肖　　　　　　　　责任印制：刘译文

航运安全监管过失刑事责任研究

姚　瑶　著

出版发行：	知识产权出版社 有限责任公司	网　址：	http://www.ipph.cn
社　　址：	北京市海淀区气象路50号院	邮　编：	100081
责编电话：	010-82000860 转 8726	责编邮箱：	pangcongrong@163.com
发行电话：	010-82000860 转 8101/8102	发行传真：	010-82000893/82005070/82000270
印　　刷：	北京建宏印刷有限公司	经　销：	各大网上书店、新华书店及相关专业书店
开　　本：	720mm×1000mm 1/16	印　张：	12.5
版　　次：	2021年12月第1版	印　次：	2021年12月第1次印刷
字　　数：	190千字	定　价：	68.00元
ISBN 978-7-5130-7169-7			

出版权专有　侵权必究

如有印装质量问题，本社负责调换。

本书系 2020 年辽宁省社科规划基金项目成果（项目编号：L20CFX001）

目 录

引　言 / 001

第一章　航运安全与航运安全监管的基本理论 / 004
　　第一节　航运安全概述 / 004
　　第二节　航运安全监管行为是航运安全的保障 / 020

第二章　航运安全监管过失刑事责任基本理论 / 030
　　第一节　航运安全监管过失犯罪概述 / 030
　　第二节　航运安全监管过失刑事责任概述 / 041

第三章　航运安全监管过失刑事责任的立法透视 / 055
　　第一节　陆上安监人员监管过失刑事责任立法透视 / 056
　　第二节　船上安监人员监管过失刑事责任立法透视 / 073

第四章　航运安全监管过失刑事责任追诉的困境 / 093
　　第一节　刑事责任追诉的司法认定障碍 / 093
　　第二节　刑事责任追诉的司法程序障碍 / 098

第五章　航运安全监管过失刑事责任追诉的客观根据 / 104
　　第一节　航运安全监管过失犯罪的实行行为 / 104
　　第二节　航运安全监管过失犯罪的危害结果 / 114
　　第三节　航运安全监管过失犯罪的因果关系 / 122

第六章 航运安全监管过失刑事责任的归属与分配 / 148
第一节 航运安全监管过失犯罪主体的认定原则 / 148
第二节 航运安全监管过失刑事责任的大小与依据 / 150
第三节 司法实践中航运安全监管过失犯罪主体的认定 / 155

第七章 航运安全监管过失刑事责任追诉制度的完善 / 161
第一节 实体法律制度层面的完善措施 / 161
第二节 程序法律制度层面的改进举措 / 168

结 论 / 174

参考文献 / 177

致 谢 / 191

引 言

21世纪是海洋的世纪,海洋成为世界范围内的热点话题。党的十八大报告中首次提出"建设海洋强国",并在党的十九大报告中进一步指出"坚持陆海统筹,加快建设海洋强国"。"海洋强国""陆海统筹"等战略和"一带一路"重大倡议的提出意味着我国依托海洋、面向世界的经济贸易发展模式已经成为新时期政治、经济与文化发展的国策。以海兴国,既要全方位提升海洋经济实力,同时也要充分重视维护海洋秩序、保护海洋权益,加大国家对海洋的管控力度。安全与清洁的海洋,既是海洋文化与科技交流的前提基础,也是海洋经济与海洋贸易可持续发展的重要保障。以海商法、海上交通安全法等为代表的民事和行政法律规范是国家管控海洋必不可少的依据。然而,为民事和行政法等第一位阶法律提供最后保障的第二位阶法的刑法,对海洋权益的保护以及海洋安全与秩序的维护都起着至关重要的作用。我国目前共有十家专门处理水上法律关系的海事法院,自成立以来只有民事审判与行政审判权。2017年6月5日,宁波海事法院作为试点法院受理了全国首起水上交通肇事案,开启了海事法院受理刑事案件的先河,预示着刑事审判权有望在全国海事法院范围内全面放开,反映了国家对于利用刑事法律手段维护水上交通秩序,保障水上人身和财产安全的充分重视。

然而,刑事法治不仅要关注由水上交通运输直接参与者违反水上交通运输规则,或违反相关安全生产管理规定所致的涉罪行为,也要将航运安全监管者的监管过失涉罪行为纳入规制范围。这是由于对船舶生产作业安全负有监督管理职责的主体未能提供适航船舶或者未能提供满足最低配员标准的适任船员，或者对水上交通运输安全具有监督管理职责的海事等政府行政执法人员，在对船舶进行安全检查的过程中玩忽职守，不履行或者不认真履行安全监督管理职责，致使船舶在不适航、船员在不适任的情况下进行生产运输作业，都可能成为事故发生的主要原因。换言之，如果监管职责到位，完全可以减少和有效控制水上交通业务过失事故的发生。以"东方之星"号客轮翻沉事件为例，虽然调查结论认定，"东方之星"客轮翻沉事件是一起由自然灾害导致的特别重大灾难性事件，但同时，调查组也检查出相关企业、政府部门在日常管理和监督检查中存在的问题。首先，重庆东方轮船公司管理制度不健全、执行不到位。其次，重庆市有关管理部门及地方党委政府监督管理不到位。最后，交通运输部长江航务管理局和长江海事局及下属海事机构对长江干线航运安全监管执法不到位。[1]除了陆上的航运企业与海事等政府监管部门具有航运安全监管职责，水上的船长、大副、轮机长、大管轮等船组成员也都具有一定的监督管理职责，若其违反航运安全监管职责，疏于履行对第三人的监督、疏于履行其职权范围内对物的管理，抑或是疏于制定或落实相关的安全管理制度，都可能成为引发水上交通事故的重要原因。

相较于民事与行政法律手段，以国家强制力为保障的刑事法律手段具有最严厉的制裁效果，可有效惩治航运安全监管过失涉罪行为。同时，刑事法律手段也具有最强的警示与教育作用，可达到预防航运安全监管过失犯罪，排除水上交通安全隐患，有效保障航运安全的社会功效。因此，追究航运安全监管过失涉罪行为人的刑事责任具有重要意义。但在刑法理论层面，鲜有学者对航运安全监管过失犯罪的刑事责任依据所涉的实行行为、危害结果以及因果关系等问题进行系统研究。在实体法律制度层面，对航运安全监管过失犯罪进行定罪和量刑的立法依据并不完

---

[1] 法制网：《"东方之星"号客轮翻沉事件调查报告（全文）》，http://www.legaldaily.cn/index/content/2015-12/30/content_6425729_2.htm，2015年12月30日。

善。在程序法律制度层面，现行的航运安全监管过失涉罪案件的调查与移送工作机制严重阻碍了航运安全监管过失涉罪行为进入刑事程序；现行的航运安全监管过失涉罪案件的审判模式不仅浪费了司法审判资源，降低了司法审判效率，同时也不利于对被告人正确定罪量刑。

  为了加强航运监管责任意识，合理界定航运安全监管过失主体范围，明确责任界限，笔者将围绕航运安全监管过失刑事责任的根据、刑事责任主体的范围、刑事责任追诉的障碍等问题展开论述。在理论层面上，深入研究航运安全监管过失刑事责任根据问题，构建出合理的航运安全监管过失刑事责任判定模式；在实体法律制度层面上，建议进一步完善航运安全监管过失犯罪所涉罪名的入罪和量刑标准，合理划定航运安全监管过失罪与非罪的界限的同时，也要对承担刑事责任的被告人正确地裁量刑罚；在程序法律制度层面上，建议进一步完善航运安全监管过失刑事责任的追诉和审判机制，为追究航运安全监管过失犯罪行为人的刑事责任创建畅通的司法渠道和高效公正的审判模式。

第一章　航运安全与航运安全监管的基本理论

航运安全与监管行为处于正向关系，监管越严格，安全越有保障。监管过失是航运实践中导致安全事故的主要原因之一，运用刑法保障航运安全，就需要让监管过失者承担刑事责任。航运安全监管过失行为人承担刑事责任的依据、困境等内容是本书要研究的核心问题，在进行具体阐述之前，有必要对航运安全及航运安全监管的相关问题进行交代，以明确本书的研究基础。

第一节　航运安全概述

航运安全是航运业健康发展的保障，也是"海洋强国"战略与"21世纪海上丝绸之路"重大倡议顺利实施的重要前提。本节将对航运安全的概念、我国航运安全的现状，以及影响航运安全的相关因素进行考察，以便对本书的研究基础具有更深层次的理解和掌握。

一、航运及航运安全的基本理论

航运，即水上运输，是利用船舶在水上运送旅客和货物的一种运输方式。水上运输具有以下三方面优点：首先，运输能力强。鉴于我国水域辽阔，水上航道四通八达，依凭这种天然的地理优势，水上运输触角广泛，为地区间旅客运输、经贸往来做出了贡献。其次，运载量大、航程远。在日益精湛的造船技术的驱动下，为满足水上交通运输贸易的需求，船舶走向了运载量大型化、航程远距离化的发展趋势。最后，水上运输成本低。相较于铁路运输、公路运输、航空运输而言，水上运输成本低，因此是大宗货物进行远距离运输的最佳选择。水上运输与经济的发展密切相关，是经济社会不可或缺的重要运输方式。一方面，经济要发展，交通必先行，国际贸易要发展，水上运输必先行。因此，水上运输的发展可为我国经济社会持续发展提供重要支撑；而另一方面，经济的发展也对水上运输具有反作用，经济环境的不景气也可以成为水上运输业低迷的原因。例如，2008年金融危机爆发后，世界经济增长放缓，国际贸易环境恶化，在这样的环境之下，航运市场萧条，航运业陷入低迷状态。而当前，航运业回暖趋势越来越明显，我国航运业发展也势头正劲。"十三五"时期全国船舶进出港累计9412万艘次，港口货物吞吐量687亿吨，旅客运送量42亿人次。[1]

航运安全是指水上运输安全，即船舶在水上平安航行、停泊和作业，避免出现水上交通事故。[2]进入21世纪以来，我国面临着错综复杂的海洋形势，海洋资源争夺、岛礁主权归属、海域划界等矛盾与纠纷逐渐凸显出来。党的十八大作出了建设海洋强国的重大部署，并指出，"提高海洋资源开发能力，坚决维护国家海洋权益，建设海洋强国"。在党的十九大报告中，也明确要求"坚持陆海统筹，加快建设海洋强国"。海洋强国的建设包含诸多方面内容，例如，海洋生态文明的建设、海洋人才的培养、海洋科学技术的发展、海洋经济的发展等。在海洋经济发展层面，习近平总书记在访问东盟时提出了建设"21世纪海上丝绸之路"的重大倡议，旨在通过建立海上贸易通道的形式实现与沿岸国家的互利共赢。无论是"海洋强国"战略还是"21世纪海上丝绸之路"的重大倡议都离不开航运业的发展，同时也需要航运安全作为根本保证。只有实现了航运安全，所有的发展才能是科学的、可持续的、以人为本的。而当前，我国航运安全现状不容乐观，不仅会对"海洋强国"战略的实施与"21

---

[1] 参见交通运输部：《水运"十三五"发展规划》。
[2] 2015年1月1日起施行的《水上交通事故统计办法》第2条规定，水上交通事故，是指船舶在航行、停泊、作业过程中发生的造成人员伤亡、财产损失、水域环境污染损害的意外事件。第5条规定，水上交通事故按照下列分类进行统计：碰撞事故；搁浅事故；触礁事故；触碰事故；浪损事故；火灾、爆炸事故；风灾（指因暴风、台风或飓风过境而造成的灾害）事故；自沉事故；操作性污染事故；其他引起人员伤亡、直接经济损失或者水域环境污染的水上交通事故。

世纪海上丝绸之路"重大倡议的实现形成掣肘，也会对水上人身和财产安全以及水域环境造成危害。

二、我国航运安全的现状

世界上的万事万物都是对立统一的，任何事物都具有两面性，航运的发展亦是如此，航运业的迅猛发展为我们的生活带来了便利条件，促进了经济的发展与进步，但与此同时，随着水上运输船舶数量的增多，水上业务往来繁忙，水上交通事故也不断凸显出来。以2020年8月至9月为例，全国发生的一般等级以上的船舶碰撞事故15起，造成死亡失踪56人；其中，商渔船碰撞事故13起，造成死亡失踪40人。[1]

2020年8—9月水上交通事故部分典型案例

时间	事故经过	事故结果
8月6日	南京籍内河散货船"宁连海1206"轮装载约8000吨海砂由福建闽江口驶往长江途中，与嵊泗籍渔船"浙嵊渔05834"船发生碰撞	事故造成"宁连海1206"轮进水沉没
8月20日	辽宁锦州籍"隆庆1"轮在长江口灯船东南约1.5海里处与江苏南京籍"宁高鹏688"轮发生碰撞	事故造成12人死亡，2人失踪
8月30日	福建籍渔船"闽晋渔05119"轮在台湾海峡北部海域与利比里亚籍"SBI PERSEUS"轮发生碰撞	事故造成渔船沉没，船上12人失踪
9月3日	福建鑫晟船务有限公司所属船舶"锦江鸿29"轮载约8000吨黄沙与"鑫龙86"轮右舷船中发生碰撞	事故造成两轮受损
9月13日	平潭籍干货船"恩润9"轮与伯利兹籍散货船"HUI FENG 7"轮在珠江口外伶仃岛西北侧发生碰撞	事故造成两轮受损，11.05吨燃料油泄漏造成水域污染
9月18日	马绍尔群岛籍"VOKARIA"轮在老铁山水道东行分道内与辽宁籍渔船"辽普渔25097"轮发生碰撞	事故造成渔船沉没，船上10人失踪
9月26日	马鞍山籍散货船"皖海丰1567"轮在象山檀头山以东约25海里处与象山籍渔船"浙象渔21082"轮发生碰撞	事故造成两船受损
9月27日	山东籍渔船"鲁岚渔61858"轮在黄海南部海域与外籍商船发生碰撞	事故造成渔船沉没，船上1人死亡，5人失踪

---

[1] 参见中华人民共和国海事局：《交通运输部海事局关于切实加强船舶防碰撞工作的紧急通知》，https://www.msa.gov.cn/page/article.do?articleId=6C92AE01-E464-4CC1-A2C1-366F02EAA156，2020年9月28日。

针对2020年8月至9月频繁发生的水上交通事故案件，交通运输部海事局对水上交通安全工作提出了：吸取事故教训，强化主体责任落实；强化部分合作，加强事故调查处理；突出工作重点，加大监管力度等要求。由此可以看出我国水上交通安全形势不容乐观。另外，2021年5月18日交通运输部办公厅在印发的《海事系统"十四五"发展规划》中提出了"十四五"期海事系统发展主要预期性安全指标，其中年均等级以上水上交通事故件数预期小于等于167件；年均水上交通事故死亡人数小于等于192人，年均水上交通事故直接经济损失小鱼等于2.35亿元。[1] 但是，要实现水上交通安全稳中向好的态势，还要进一步防控水上交通安全风险。

三、影响航运安全的因素

对航运安全具有影响的因素主要有自然因素以及人为因素两大类。一方面，水域气象态势和水文条件是船舶水上航行时无法回避的客观存在。风向、潮流的顺逆、潮汐的高低等自然因素对船舶航行的安全系数具有重要影响。在航海知识匮乏、造船工艺落后的情况下，水上恶劣的气候环境，如台风、暴雨、海浪、海啸等自然灾害是引发船舶事故，导致人员落水伤亡的主要诱因。因此，人类社会早期的航海行为被视为一种冒险活动。而在科学技术迅猛发展的今天，人类抵御自然风险的能力不断加强，由此，自然灾害并不能成为导致海难事故发生的主要因素，但也不能否认，当自然灾害无法预知以致无法避免时，也会存在由于恶劣气候原因而导致的灾难事故。

另一方面，从舟筏浮具到木板船，再由木板船到钢质船，造船工艺不断改良，造船技术不断革新。人类通过对科学技术的掌握与应用，将具有冒险性质的水上航行行为发展成为社会生活不可或缺的常见运输活动。水上风险固然无法避免，但是随着人类预测水上自然风险，规避水上自然灾害的能力不断提高，自然因素并不能成为束缚航运业发展的枷锁，而人为因素却成了导致水上交通秩序破坏、水上人身财产安全受损、

---

[1] 参见《海事系统"十四五"发展规划》。

水域生态环境破坏的主要原因。正如学者所言，即使看似自然因素导致事故发生，间接原因之中不排除相关人员没有做好事先的防御性措施，也存在法律责任。现代科技已经能够事先预测恶劣海况与天气所带来的风险，往往是侥幸心理作祟而丧失了自我调整和自我保护的机会。[1]引起水上交通事故的人为因素包含两类，即非监管因素与监管因素。非监管因素即直接业务过失，是指船舶驾驶人员或者其他直接从事生产作业的人员违反相关规定而直接引发水上交通事故的行为，如由于值班驾驶员违反避碰规则而直接导致发生船舶碰撞事故；监管因素即间接业务过失，是指处于监督、管理地位的人员由于怠于履行监督管理职责而间接引发水上交通事故的行为，如由于三副疏于对救生艇设备进行管理，致使其在火灾发生之后无法正常使用，导致船上人员无法通过救生艇逃生而遇难。具体可分为非监管因素与监管因素两类进行探讨。

（一）非监管因素

非监管因素主要包含船长、船员以及引航员的直接业务过失行为。下文分别对这三类非监管因素进行说明。

1. 船长的直接业务过失行为

《中华人民共和国船员条例》（2020 修订）第 4 条规定：《中华人民共和国船员条例》第 4 条规定："……本条例所称船长，是指依照本条例的规定取得船长任职资格，负责管理和指挥船舶的人员。……"司玉琢教授也将船长定义为主管船上一切事物的人。[2]船长是管理和指挥船舶的最高行政长官，在保障水上人身与财产安全、船舶保安、防止船舶污染水域方面，具有独立的决定权，具有权力的同时，船长也具有最后离船、救助水上人命等义务。

第一，船长违背最后离船（施救）义务危害航运安全。

船长违背最后离船义务与违背施救义务存在密切联系。若船长违反最后离船的义务势必就违背了对发生事故的本船的施救义务。违反该项

---

［1］ 赵微：《海上交通事故刑法规制研究》，法律出版社 2020 年版，第 6 页。
［2］ 司玉琢等编著：《新编海商法学》，大连海事大学出版社 1999 版，第 114 页。

义务极易造成人员伤亡、财产损失的重大危害后果。例如，2014年4月16日发生的韩国"岁月号"沉船事故。资料显示，在"岁月号"船身逐渐倾斜的大约半小时时间里，船长及船员却通过广播让旅客"请勿动并等待"，并未组织旅客及时撤离、有效疏散或者进行任何其他逃生行动。形成鲜明对比的是，在这一生死存亡的关键时刻，船长及船上15名核心船员却通过船员专用通道快速撤离了船舶。[1]可见，"岁月号"的船长违反了最后离船并尽力施救的职责。在海难发生之后，船长应积极领导和组织全体船员采取一切有效措施奋力抢救，如果船长违背此项注意义务，无论是采取了放弃积极救助的不作为，还是危难时刻弃船而逃的作为，都对船上的船员及乘客的人身安全造成重大威胁，具有严重的法益侵害性。《中华人民共和国船员条例》（以下称《船员条例》）第53条规定："违反本条例的规定，船长有下列情形之一的，由海事管理机构处2000元以上2万元以下罚款；情节严重的，并给予暂扣船员适任证书6个月以上2年以下直至吊销船员适任证书的处罚：……（五）在弃船或者撤离船舶时未最后离船的。"虽然《船员条例》针对船长弃船的行为制定了行政法律规范，并明确了船长的行政责任，但是我国刑法并没有对船长违反施救义务和最后离船义务的行为作出针对性评价。虽然我国《刑法》第397条也规定了玩忽职守罪，但是该罪的犯罪主体同滥用职权罪的主体一样，都是国家机关工作人员，因此在我国现行法律下，还无法对船长违背最后离船的义务和违背施救的义务的行为以玩忽职守罪进行刑事处罚。

第二，船长见危不救危害航运安全。

直接参与到水上交通运输的人员之间应团结互助，协力保证水上运输安全，保证水上人身和财产安全免受侵害。对于处在危难之中的生命，船长在不危及本船安全的情况下应尽力施救。《联合国海洋法公约》第98条规定"1. 每个国家应责成悬挂该国旗帜航行的船舶的船长，在不严重危及其船舶、船员或乘客的情况下：（a）救助在海上遇到的任何有生命

---

[1] 李群：《由"岁月"号海难聚焦船长的法律责任》，载《世界海运》2014年第5期，第59页。

危险的人；(b) 如果得悉有遇难者需要救助的情形，在可以合理地期待其采取救助行动时，尽速前往拯救。"我国法律对船长海上救助人命的义务也有所体现。2021年4月29日，第十三届全国人民代表大会常务委员会第二十八次会议修订通过的《中华人民共和国海上交通安全法》第75条规定："船舶、海上设施、航空器收到求救信号或者发现有人遭遇生命危险的，在不严重危及自身安全的情况下，应当尽力救助遇险人员。"并迅速向主管机关报告现场情况和本船舶、设施的名称、呼号和位置。另外，《海商法》第174条也规定："船长在不严重危及本船和船上人员安全的情况下，有义务尽力救助海上人命。"但目前，我国刑法并没有设置规制船长见危不救行为的罪名，司法实践中对此类行为也没有追究刑事责任的先例。

第三，船长参与驾驶可能会危及航行安全。

船长一般不参与值班，但在一定情况下，船长也可能亲自驾驶船舶，由于船长违反避碰规则而导致船舶发生碰撞事故，或者在船舶发生碰撞后船长直接指挥逃逸的情形下，都会产生危害航运安全的结果或者危险。

● 情形一　船长违反避碰规则的行为

虽然船长不参与驾驶台的值班，但在一定条件下，船长可以从值班驾驶员手中接过指挥权直接指挥船舶。《船员条例》第18条规定，"船长管理和指挥船舶时，应当符合下列要求：……（六）船舶进港、出港、靠泊、离泊，通过交通密集区、危险航区等区域，或者遇有恶劣天气和海况，或者发生水上交通事故、船舶污染事故、船舶保安事件以及其他紧急情况时，应当在驾驶台值班，必要时应当直接指挥船舶"。另外，《中华人民共和国海船船员值班规则》第40条规定："发生下列情况时，值班驾驶员应当立即报告船长，船长接到报告后应当尽快上驾驶台，必要时由船长直接指挥：（一）遇到或者预料到能见度不良；（二）对通航条件或者他船的动态产生疑虑；（三）对保持航向感到困难；（四）在预计的时间未能看到陆地、航行标志或测量不到水深；（五）意外地看到陆地、航行标志或者水深突然发生变化；（六）主机、推进装置遥控系统、舵机等主要的航行设备、报警或者指示仪发生故障；（七）无线电设备发生故障;(八)恶劣天气怀疑可能有气象危害;(九)发现遇险人员或船舶以及他船求救;(十)遇到其他紧急情况或者感到疑虑的情况。当情况紧急时,为了船舶的安全,值班驾驶员除立即报告船长外,还应当果断采取行动。"所以,在情况特殊,船长上驾驶台指挥船舶,但是最终也没能避免水上交通事故发生的场合,不能把船舶碰撞时刻的指挥者作为业务过失的承担者,特别是船长,如果他在"紧迫局面"出现之后指挥避碰无效,不能一概认定其为业务过失的责任人,而要视现场情况而定,如果船长指挥船舶时"紧迫局面"已经无法改变,便不能让船长承担他力所不能的责任。[1] 换言之,如果船长接过船舶指挥权时,船舶碰撞结果已经无法避免,此时就不能追究船长的责任。

当船长直接指挥船舶时,应当遵守交通航行规则。例如,应当采用安全航速航行、按照规定的航路航行、保持正规瞭望、遵守避碰规则;按照规定停泊、倒车、掉头、追越、按照规定显示信号。在船长直接指挥船舶的过程中,如果船长违反水上交通运输规则极易对航行安全造成危害。司法实践中,由于船长未能遵守水上交通运输管理法规,引发重大水上交通事故,造成人身伤亡、财产损失等危害后果,而涉嫌构成交通肇事罪的案例时有发生。例如,被告人石桂德于2007年6月15日凌晨4时许,驾驶"南桂机035"船装载河砂自佛山高明顺流开往顺德,在江面上有浓雾,能见度急剧下降,作为船长的石桂德没有按照规定加强瞭望、选择安全地点抛锚以及采取安全航速等措施,在无法确认船首前方所见白灯是否为主航道灯的情况下,仍然冒险航行。当"南桂机035"船接近九江大桥时,石桂德因该船与桥前约80米的一个航标发生擦碰而意识到本船已经严重偏离主航道,但其仍没有采取停航等有效措施,反而试图将船头掉至九江大桥桥墩间通行,轻信可以避免船只与大桥桥墩触碰。同日5时许,"南桂机035"船因偏离航道以及船长对航道灯判断严重失误,致使该船船头与九江大桥23号桥墩发生触碰,导致九江大桥三个桥墩倒塌,并引发所承载桥面坍塌,使正在桥上行驶的4辆汽车落入江中损毁,同时致使8人死亡,造成经济损失为人民币4500万元。法院

---

[1] 赵微:《海上交通事故刑法规制研究》,法律出版社2020年版,第23页。

以交通肇事罪，判处石桂德6年有期徒刑。[1]

无论是理论界还是司法实务界都认为我国《刑法》第133条规定的交通肇事罪不仅适用于陆上，还应适用于水上，因此，船长违反水上交通运输管理法规而致人重伤、死亡或者使公私财产遭受重大损失的，应以交通肇事罪定罪量刑。但是，用交通肇事罪规制水上交通肇事涉罪行为时，有诸多事实上的危害结果与法定的构成要件危害结果衔接不当。例如，刑法及相关司法解释都没有将人员失踪作为交通肇事罪构成要件的危害后果，导致司法实践中对该危害结果无法评价；船舶价值远大于车辆价值，船舶碰撞所造成的经济损失巨大，因此以"无力赔偿数额30万元"作为水上交通肇事行为的入罪标准并不妥当。从这个意义上讲我们似乎应当制定司法解释，针对水上的特殊情形，对《刑法》第133条规定的交通肇事罪在水上的适用作出特殊的规定。但是，无论是理论研究者还是法律制定者，抑或是法律所指向的社会大众，都无法接受一个交通肇事罪下具有陆上和水上两套不同的定罪量刑标准。这是因为，对水上的生命与陆上的生命进行不对等的评价，即使在法理上有道理可循，但在情理上并不具有说服力。因此，本书建议，应从刑事立法入手，通过刑法修正案增设水上航行责任事故罪，并对此罪名的适用作出独立的司法解释，这样既避免了在同一个交通肇事罪下对陆上与水上人命和财产区别对待的现象发生，同时也回应了现实需要，弥补了我国刑法只对铁路、航空、陆地运输责任事故进行独立评价的不足，进而也完善了我国刑法分则第二章危害公共安全罪的立法体系。

● 情形二　船长交通肇事逃逸行为

船长交通肇事后逃逸就意味着船长没有对相碰船舶的船员和乘客进行救助。《中华人民共和国海上交通安全法》第73条规定："发生碰撞事故的船舶、海上设施，应当互通名称、国籍和登记港，在不严重危及自身安全的情况下尽力救助对方人员，不得擅自离开事故现场水域或者逃逸。"《中华人民共和国海商法》第166条规定："船舶发生碰撞，当事船舶的船长在不严重危及本船和船上人员安全的情况下，对于相碰的船舶

---

[1] 参见广州市海珠区人民法院（2010）海刑初字第661号判决。

和船上人员必须尽力施救。碰撞船舶的船长应当尽可能将其船舶名称、船籍港、出发港和目的港通知对方。"我国刑法针对交通肇事逃逸行为没有设置独立的罪名，而是通过《刑法》第133条交通肇事罪与2000年《最高人民法院关于审理交通肇事刑事案件具体应用法律若干问题的解释》实现对交通肇事逃逸行为的规制。一方面，交通肇事致1人以上重伤，负事故全部或者主要责任，并且为逃避法律追究逃离事故现场的，就应以交通肇事罪论。另一方面，交通肇事逃逸行为可作为交通肇事罪的升格法定刑的条件。交通肇事罪的基础的法定刑是3年以下有期徒刑或者拘役，而具有逃逸情节的，处3年以上7年以下有期徒刑，逃逸致人死亡的，处7年以上有期徒刑。

然而，运用现行的刑法条款对水上交通肇事逃逸行为进行规制，无法满足罪责刑相适应原则的要求。一方面，与车辆交通肇事逃逸行为相比较，船舶交通肇事逃逸行为的法益侵害性更为严重。一旦人员落水，若肇事船舶不及时救助，落水人员生存的可能性微乎其微，加之船舶载运量大，船舶肇事后极易造成多人落水的状况。另一方面，《刑法》第133条规定的"因逃逸致人死亡"要求肇事者对被害人死亡结果具有过失的心理态度，而与车辆交通肇事逃逸者对危害结果主观上过失的心态不同，水上交通肇事逃逸者主观恶性更大。在水上交通肇事逃逸致人死亡的情形下，肇事逃逸者对被害人死亡的结果具有放任不管的间接故意的心态，甚至不排除肇事逃逸者为了逃避法律责任，而追求被害人落水死亡结果的直接故意心态的存在。因此，若借助《刑法》第133条"因逃逸致人死亡，处七年以上有期徒刑"的规定来规制水上交通肇事逃逸致人死亡的情形则有失公允。

实际上，司法实践中已经存在对船长交通肇事逃逸致人死亡的情形以故意杀人罪论处的案例存在：2011年2月27日，由被告人陈某任船长的"恒利88"轮在由南通驶往广东途中，因被告人陈某指挥不当，与"浙玉机618"轮雾中相撞。碰撞发生后，"浙玉机618"轮因严重受损沉没，船员落水。被告人陈某明知两船发生碰撞事故后对方船员面临生命危险，仍亲自驾船逃离现场。致使"浙玉机618"轮上7名船员因得不到及时救助，其中5人落水死亡，2人失踪。经海事部门调查认定，船长被告人陈某是本起事故的主要责任人。法院认为，被告人陈某违反交通安全管理法规，致使发生船舶碰撞事故，并在事故后明知自己的先前行为导致对方船员生命处于危险境地的情况下，不及时履行救助义务，造成被撞船只船员因得不到及时救助而溺水死亡5人，失踪2人，其行为已构成故意杀人罪，被告人陈某犯故意杀人罪，判处有期徒刑15年。一审判决后，陈某不服，提出上诉，浙江省宁波市中级人民法院经二审审理，于2013年6月20日作出刑事裁定，维持原判。[1]。

笔者认为，应当设立水上航行责任事故罪，在该罪名下对水上交通肇事行为进行规制。鉴于水上交通肇事逃逸行为具有的法益侵害的现实危险比陆上车辆交通肇事逃逸的现实危险更加紧迫，因此，即使没有造成危害结果，对其处罚也应更为严厉。故而，笔者建议对未造成危害后果的水上交通肇事逃逸行为在3年以上7年以下有期徒刑的量刑幅度内从重处罚。若造成了危害结果，而船长对遇难人员的死亡结果具有故意的心态，那么则可根据故意杀人罪对船长的交通肇事逃逸行为进行定罪处罚。

2. 船员的直接业务过失行为

船员作为水上运输的最终实现者，在保障水上交通安全、防治船舶污染环境方面发挥重要作用。在船舶水上航行或者生产作业过程中，由于船员违反水上交通运输规则而造成重大财产损失、人身伤亡、水域环境严重污染等危害后果的案件并不罕见。

● 情形一　甲板部船员直接业务过失行为

在船舶航行过程中，必须保证驾驶台24小时值守。高级船舶驾驶员实行4小时值班制：0：00—4：00二副；4：00—8：00大副；8：00—12：00三副；12：00—16：00二副；16：00—20：00大副；20：00—24：00三副。值班船员在值班的过程中，违反水上交通运输规则的直接业务过失行为会导致水上交通事故，给航运安全带来危害。例如，2012年4月2日下午，从上海洋山港开往浙江宁波港的"KOTANEBULA"轮，在途经舟山东福山两兄弟屿时，二副在海面起雾能见度极差、周边作业

---

[1] 参见（2013）甬仑刑初字第158号；（2013）浙甬刑二终字第229号。

渔船密集且通航环境复杂的情况下，疏于瞭望，没有及时判断出碰撞的危险，未使用安全航速驾驶船舶，并且避让措施不当，从而导致"KO-TANEBULA"轮与"浙普渔75185"渔船发生碰撞。造成渔船沉没、船上4名船员死亡、3名船员失踪的水上交通事故。[1]

● 情形二　从事船舶生产的人员的直接业务过失行为

除了船员违反水上交通运输规则的驾驶行为可以成为引发水上交通事故的原因外，船员违反安全生产作业相关规定的操作行为也能引发水上交通事故。例如，2012年6月22日，运砂船"国贸08"与采砂船"粤东莞吹0188"在装砂作业过程中发生事故，导致"国贸08"轮翻沉。造成"国贸08"轮船上船员5人死亡，4人失踪。此次事故发生的直接原因是，梁某某在操作沙漏机向"国贸08"轮装沙过程中，违反相关安全生产的管理规定，在"国贸08"船向左倾斜的情况下，继续向其左侧舱室装沙，导致该船翻沉。[2]

● 情形三　轮机部船员的直接业务过失行为

轮机部大管轮、二管轮、三管轮在各自职权范围内对相应的设备具有维修和保养职责。例如，大管轮负责管理主机、轴系及为主机直接服务的辅机，并负责管理舵机、冷藏设备以及轮机部有关安全的设备（如应急舱底阀、燃油应急开关等）；二管轮负责管理发电原动机及为它服务的机械设备、机舱内部分辅机和轮机长指定的其他设备；三管轮负责管理甲板机械、救生艇艇机、各种泵、应急消防泵和应急发电机等设备以及轮机长指定的其他辅机和设备。轮机部船员在维修相关设备的过程中，可能由于违反安全操作规范而直接引发水上交通事故。除此之外，轮机长和机工长虽然不对具体的设备具有直接的管理职权，但是他们也经常参与到设备的维修和保养工作中，若在设备的维修和保养工作中违反操作规则，也会给航行安全带来危害。

3. 引航员的直接业务过失行为

引航是指持有有效适任证书的引航员，在引航机构的指派下，从事

---

[1] 参见（2012）浙舟刑初字第34号；（2013）浙刑二终字第64号。
[2] 参见（2014）绥刑初字第129号刑事判决；（2014）葫刑终字第00104号。

的引领相应船舶航行、靠泊、离泊、移泊、锚泊等活动。引航员引领船舶的目的就是保证船舶在引航区内航行、靠泊、离泊、移泊、锚泊等活动的安全。由引航员的直接业务过失行为而引发水上交通事故的案例并不罕见。例如，1997年4月22日，柬埔寨籍货船"LAGOON"轮在驶离蛇口港途中，在深圳港外引航锚地与塞浦路斯籍锚泊船"SPEVDE VRADEOS"轮发生碰撞。两轮脱离后，"LAGOON"轮随即中止航行抛锚，处理有关事宜，在锚泊过程中，又与尾随其后航行的新加坡籍油船"DRAGON SUNRISE"轮发生碰撞，造成三艘外轮部分受损。在此事故中，两在航船"LAGOON"轮与"DRAGON SUNRISE"轮的引航员均提前下船，在船长操船的情况下发生了碰撞。[1]《船舶引航管理规定》第37条规定，"引航员应当将被引船舶从规定的引航起始地点引抵规定的引航目的地。引航员离船时应当向船长或者接替的引航员交接清楚，在双方确认安全的情况下方可离船。"由于引航员拒不履行引航职责，提前下船，这种行为实际上就创设了船舶交通肇事的危险，并且最后实际发生了危害结果。

（二）监管因素

监管因素主要包含船长疏于履行监管职责的行为、具有监管职责的船员疏于履行监管职责的行为、船舶实际控制人或船舶经营单位疏于履行监管职责的行为、海事等政府行政执法人员疏于履行监管职责的行为。下文将分别对这四类非监管因素进行说明。

1. 船长安全监管不充分行为

船长是船舶安全航行的第一责任人，虽然船长不直接从事船上具体的安全生产工作，但是船长的监管过失行为会危害船舶的航行安全。例如，如果船长疏于落实安全生产制度，并未按照规定进行消防、救生演练，那么在火灾发生时，由于船上人员逃生措施不当，极易导致发生人员重大伤亡的水上交通事故。除此之外，船长的决策对航行安全起着至

---

[1] 中华人民共和国长江海事局编：《海上交通事故案例》，武汉理工大学出版社2011年版，第3—10页。

关重要的作用,不仅决策的具体内容会对航行安全产生重要影响,有时,船长命令下达的早晚也会影响航行安全。例如,"苏射18"沉没的直接原因是船舶始终未封舱。在航行途中,船长从天气预报中得知将有大风浪,也没有安排船员封舱。在1月5日晚该轮进港未果,必将在海上遭遇中雨和大风浪,且风力将严重超过该轮抗风能力的情况下,船长仍然未安排船员封舱。直到1月6日早该轮进港过程中遭遇大风浪时,船长才叫船员封舱,但此时因风浪太大,封舱已不可能。[1]除了上述船长管理过失的行为会对船舶的航行安全产生影响,船长的监督过失行为也可能是导致水上交通事故发生的重要原因。例如,船长疏于履行对值班船员的监督职责,导致值班船员在疲劳或者醉酒的状态下驾驶船舶,由此引发水上交通事故的,船长也应当承担监督过失的责任。

2. 船员安全监管不充分行为

船员安全监管不充分主要包含具有监管职责的甲板部船员的安全监管不充分的行为,与具有监管职责的轮机部船员的安全监管不充分的行为。

● 情形一　甲板部船员安全监管不充分

甲板部船员包括大副、二副、三副、驾驶助理、水手长、木匠、一级水手和二级水手等,其负责人是大副。以大副、二副以及三副为例,他们不仅参与值班驾驶船舶,也在一定职权范围内对相应的物具有管理职责、对相应的活动具有监督职责,或是对相应制度具有制定和落实的管理职责。例如,除参与值班外,大副主管货物的配载、装卸、交接和运输管理以及甲板部的维修保养工作。因此,若大副在对货物的装卸工作进行监督过程中,若其疏于履行监督职责,会对航运安全造成严重危害。二副主管驾驶设备,包括各种无线电航海仪器、气象仪表、操舵仪等设备。因此,二副若未能充分履行对操舵仪的管理职责,可能会导致操舵仪故障而引发水上交通事故。三副负责管理全船救生、消防设备和器材等设备。因此,若三副未能充分履行对救生设备的管理职责,可能会导致救生设备的失效而造成船上人员伤亡的危害结果。

---

[1] 中华人民共和国长江海事局编:《海上交通事故案例》,武汉理工大学出版社2011年版,第35页。

● 情形二　轮机部船员安全监管不充分

轮机部包含轮机长、大管轮、二管轮、三管轮、轮机助理、电机员、机工长、机工等，其负责人是轮机长。以大管轮、二管轮以及三管轮为例，他们不仅参与值班，还主要负责主机、锅炉、辅机及各类机电设备的管理、使用和维护保养；负责全船电力系统的管理和维护工作。因此，若上述主体疏于履行对相应设备的管理，可能会导致设备故障而引发水上交通事故。

3. 船舶实际控制人或船舶经营单位安全监管不充分

水上交通运输安全的维护不仅需要期待水上运输参与者谨慎的驾驶或其他操作行为，也需要对船舶安全具有监管义务的责任主体充分履行对船舶的监管义务。如若船舶经营者不履行或不充分履行对船舶的监管义务，极易引发重大海难事故。例如，1999年11月24日，从烟台驶往大连的"大舜"轮在烟台附近海域倾覆，包括船长、大副和轮机长等船上主要船员在内共282人遇难，造成直接经济损失约6000万元。调查认定，烟大公司的安全管理存在严重问题，对这起事故负有重要责任。[1]另外，即使最终被认定为是由自然灾害导致的"东方之星"轮沉船事件，也难以排除船舶经营者监管失职的因素。据报告指出，重庆东方轮船公司存在对船舶日常安全检查不认真，并擅自对"东方之星"轮的压载舱、调载舱进行变更，而未向船舶检验机构申请检验的监管失职行为。[2]除了船舶经营单位可以成为对船舶安全具有监管职责的责任主体外，有时，对船舶安全具有监管职责的责任主体可能是自然人。在船舶安全的监管职责归属于自然人的场合，若船舶的实际控制人不履行或者不充分履行对船舶的监管义务，也极易引发水上交通事故。故而，船舶经营单位或者船舶的实际控制人充分履行对船舶的安全监管职责是保证水上交通秩序，维护水上生命和财产安全的必然要求，同时也是创建水上法治环境的重要保障。

---

[1] 中华人民共和国长江海事局编：《海上交通事故案例》，武汉理工大学出版社2011年版，第57—62页。

[2] 参见中国新闻网：《"东方之星"沉船事件调查：多部门监督检查存在问题》，http：//www.chinanews.com/gn/2015/12-30/7695364.shtml，2015年12月30日。

4. 海事等政府行政执法人员安全监管不充分

起初，我国海上执法体制主要是以海洋、渔政、海事、边防和海关等为主的分散型管理体制。这种分散型的执法体制反映出了职权交叉、职权不清等弊端。为解决海上执法力量分散，执法效能不高，维权能力不足等问题。2013 年国务院对国家海洋局进行重组，将原国家海洋局及其海监、公安部边防海警、农业部渔政以及海关总署海上缉私警察的队伍进行整合，重新组建国家海洋局。重组后的国家海洋局以海警局的名义进行海上维权执法。从此，"多龙闹海"的局势被突破，而形成了"二龙戏珠"的执法态势，即由海事局和海警局分工合作，协力维护水上各项权益。海警局具有警察职能，对海上发生的刑事案件具有调查取证的权力，是具有一定刑事司法性质的机构。而海事局通过贯彻执行《海上交通安全法》《海上交通事故调查处理条例》等法律法规，而行使国家水上安全监督和防止船舶污染、船舶及水上设施检验、航行保障管理和行政执法等管理职能，是管控我国水域秩序及环境的重要执法力量。海事执法人员不履行或者不充分履行对航运安全的监督管理职责，可能成为导致船舶发生水上交通事故的原因。例如，刘某、王某在担任山东潍坊海事处羊口港办事处主任、副主任期间，在海事现场检查执法工作中严重不负责任，不认真履行职责，致使寿光祥龙航运有限公司"寿海 188"轮在未依法办理签证、配员不足、船员无适任证书的情况下出海作业，该轮于 2013 年 10 月 27 号在京唐港水域与"冀滦渔 03840"轮发生碰撞，致 6 人死亡，给国家和人民利益造成重大损失。[1] 除了海事行政执法部门对航运安全具有监督管理的职权，其他政府部门也有可能成为航运安全监督管理的主体。例如，《四川省乡镇自用船舶安全管理规定》第 3 条指出："乡镇人民政府及其设置的管船机构负责辖区航行、停泊、作业的自用船的监督和管理工作。各级航务、港监管理机构应加强对乡镇人民政府及其设置的管船机构进行业务指导。"因此，其他对航运安全具有监管职责的政府行政执法人员不履行或者不充分履行航运安全监管职责也可能成为导致水上交通事故发生的原因。

---

[1] 参见（2016）鲁 0783 刑初 440 号；（2016）鲁 07 刑终 554 号。

第二节　航运安全监管行为是航运安全的保障

航运安全监管制度是避免水上交通事故发生，实现航运安全的重要保证。根据航运安全监管过失主体履行监管职责的地点不同为分类依据，对航运安全具有监管职责的主体可分为陆上航运安全监管主体与船上航运安全监管主体两大类。另外，根据航运安全监管的主体、航运安全监管的对象以及航运安全监管的阶段不同，可将航运安全监管进行不同的分类。

一、航运安全监管的概念

监管是监督与管理的简称，因此可以将监管看作监督与管理的上位概念。监督是对现场或某一特定环节进行监视、督促，使其结果能达到预定的目标，强调过程监视、督促，体现监督主体和被监督主体责任上的差别，监督的对象指向行为人。而管理通过规则的制定以及对物的管理，而使生产运营等活动有序进行。所以，管理的对象指向制度或物。结合上述关于航运安全的概念可知，航运安全监管就是对航运安全的监督与管理，是指具有监督管理职责的主体对影响航运安全的不稳定的因素——船员、船舶所载乘客、货物，以及船舶的相关设备等进行监督管理或者对影响航运安全的规章制度进行制定和落实，以避免发生水上交通事故，保证船舶航行安全。

二、航运安全监管的主体

根据航运安全监管主体履行航运安全监管的地点不同，可分为陆上航运安全监管职责主体与船上航运安全监管职责主体两大类。其中，陆上航运安全监管职责主体包括船舶所有人、航运企业、船舶管理公司、海事行政执法部门，以及其他具有航运安全监管职责的政府部门五大类；船上航运安全监管职责主体包括船长、甲板部船员以及轮机部船员三大类。

（一）陆上航运安全监管职责主体

陆上航运安全监管职责主体包括船舶所有人、航运企业、船舶管理公司、海事行政执法部门，以及其他具有航运安全监管职责的政府部门。前三类属于船舶经营者的监管，后两类属于政府部门的监管。

1. 船舶所有人

船舶所有人是船舶的拥有者，根据所有权的相关规定，所有权人拥有对所有物的占有、使用、收益和处分的权利。船舶所有人可以是个人也可以是企业单位。在水上交通运输领域，从事水上运输活动必须具有营运资质，而个人无法获得营运资质，所以，当船舶为个人所有时，船舶所有人通常将船舶挂靠在有资质的航运企业名下。但实际上，船舶仍可能由船舶所有人进行实际控制，此时虽然船舶所有人不是名义上的经营主体，但是船舶所有人具有实质的船舶安全监督管理职责。当船舶由多名自然人共有时，船舶的安全监管职责的归属应当根据共有人的约定或者实际形成的监管事实进行确定。但是，当船舶所有人（共有人）明知事故航次安全问题而放任不管，最后发生了危害后果的场合，对安全隐患放任不管的船舶所有人（共有人）都应当承担航运安全监管失职责任。例如，2015年6月，被告人徐正卫、陈红达、陈宏国共同出资购买了"盛某86"轮。2016年2月24日，徐正卫、陈红达、陈宏国在明知"盛某86"轮超载，船上配置的4名船员低于国家规定的最低安全配员，且驾驶船舶的船老大潘某并无取得船长适任证书的情况下放任"盛某86"轮出海作业。2月25日2时48分，该轮发生侧翻，3名船员死亡。法院判处被告人徐正卫犯重大责任事故罪，判处有期徒刑3年，缓刑4年；被告人陈红达犯重大责任事故罪，判处有期徒刑3年，缓刑4年；被告人陈宏国犯重大责任事故罪，判处有期徒刑3年，缓刑3年6个月。[1]当船舶所有者是企业时，企业如果有营运资质，那么船舶所有者可以自己经营，此时船舶所有者也同时是船舶经营者，对船舶安全具有监督管理职责。另外，船舶所有者也可以将船舶转租出去。《海商法》第137条进一步规

---

[1] 参见（2017）浙1002刑初193号。

定承租人可以将租用的船舶转租，所以，船舶实际的经营者可能与船舶的所有者相分离。在此情形下，根据2016年12月9日发布的《中共中央、国务院关于推进安全生产领域改革发展的意见》提出的"管业务必须管安全，管生产经营必须管安全的原则"，船舶经营者应当承担船舶的安全监管职责。

2. 航运企业

航运企业是以船舶运输为经营项目的企业，它可以是船舶所有者，也可以是受船舶所有者委托经营船舶的船舶经营者，是航运安全监管主体之一。根据国际海事组织（IMO）制定的《国际船舶安全营运和防止污染管理规则》以及2008年1月1日起实施的《中华人民共和国航运公司安全与防污染管理规定》，航运企业可以进一步分为体系航运企业与非体系航运企业两类。

（1）体系航运企业。1994年5月24日，国际海事组织正式通过决议，将《国际船舶安全营运和防止污染管理规则》（以下简称《ISM规则》）纳入《1974年国际海上人命安全公约》之中。我国作为《ISM规则》缔约国和国际海事组织的A类理事国，自生效时起，便全面开展航运企业安全管理体系审核工作。2008年1月1日起实施的《中华人民共和国航运公司安全与防污染管理规定》是我们国家贯彻执行《国际船舶安全营运和防止污染管理规则》的重要体现。结合《中华人民共和国航运公司安全与防污染管理规定》的规定，体系航运企业是指建立安全管理体系[1]，并经过海事执法部门对安全管理体系进行审核，对符合条件的签发相应的安全与防污染能力符合证明或者临时符合证明的航运企业。

（2）非体系航运企业。非体系航运企业是指不需要建立安全管理体系的航运企业。《中华人民共和国航运公司安全与防污染管理规定》是适用于所有航运企业的安全与防污染管理的纲领性规范文件，即使是不需要建立安全管理体系的航运企业，也应当明确安全与防污染管理的目标与方针、建立船舶安全与防污染监督检查相关制度。相较于体系航运企

---

[1] 安全管理体系是指，能使航运企业人员有效执行航运公司的防污染方针的结构化和文件化的体系，这些文件体现了航运企业安全与防污染管理的相关制度，是航运企业进行安全监管所依据的规范性文件，是航运企业从事水上运输业务活动的总章程。

业而言，非体系航运企业的规模普遍较小，内部安全管理不健全、岸基设备投入落后，多数非体系航运企业未能实现对其船舶进行有效的安全监管，因此具有较大的安全隐患。最为严重的是，由于个人不具有营运资质，很多个人将其所有的船舶挂靠在具有营运资质的非体系航运企业下营运，而航运企业只收取挂靠费，挂而不管现象严重，这种现象将航运企业的监管沦为空谈，为航运安全埋下了巨大隐患。

3. 船舶管理公司

《中华人民共和国船舶安全营运和防止污染管理规则》第3.1条规定："如果负责船舶安全和防污染管理责任的实体不是船舶所有人，则船舶所有人与该实体必须签订符合以下规定的船舶管理协议，并将双方的详细情况报告主管机关：1. 当船舶安全和防污染与生产、经营、效益发生矛盾时，应当坚持安全第一和保护环境的原则；2. 船舶管理公司同意承担本规则所规定的所有责任和义务；3. 在不妨碍船长履行其职责并独立行使其权力的前提下，船舶管理公司对处理涉及船舶安全和防污染的事务具有最终决定权。"船舶管理公司可接受船舶所有人或者其他船舶承租人的委托，对船舶进行经营管理。如果委托人将船舶的安全管理、船舶的保养与维护、船员的配备等工作交由船舶管理公司，那么船舶管理公司就可成为船舶安全的监管主体。当船舶管理公司疏于对船舶进行安全监管，从而导致水上交通事故的发生时，船舶管理公司的相关责任人就应当承担航运安全监管失职责任。例如，被告人郑某乙作为福安市赛江祥和船务有限公司的法人代表和执行董事，在"闽宁德货××51"货船挂靠期间，不对该船进行实质性管理，致使"闽宁德货××51"货船在船员均不具备相应适任证书的情况下进行营运活动。2012年5月3日，"闽宁德货××51"货船发生倾覆，船上3名船员溺水死亡。一审法院判处被告人郑某乙犯重大责任事故罪，判处有期徒刑1年6个月，缓刑2年。二审维持原判。[1]

4. 海事行政执法部门

我国的海事行政执法机构具有两种体制，一种是由交通运输部海事

---

[1] 参见（2014）安刑初字第301号，（2015）宁刑终字第102号。

局主管机构，实行垂直管理体制，对外称为中华人民共和国××海事局；另一种是地方海事局，这类海事局一般属于当地交通部门的分支机构，替地方政府管理水上交通安全，对外称为××省（市、县、区）地方海事局。

（1）直属海事局。直属海事局是对沿海以及其他中央所辖水域的交通安全实施统一监督管理的主管机关。直属海事局为交通运输部直属行政机构，实行垂直管理体制。我国共有15个直属海事局，分别为黑龙江海事局、辽宁海事局、河北海事局、天津海事局、山东海事局、江苏海事局、上海海事局、浙江海事局、福建海事局、广东海事局、深圳海事局、广西海事局、海南海事局、长江海事局，以及连云港海事局。直属海事局下设分支局，分支局下设海事处。以山东海事局为例，下设有9个分支局，分别为烟台海事局、济南海事局、青岛海事局、日照海事局、威海海事局、董家口海事局、潍坊海事局、东营海事局，以及滨州海事局。再以威海海事局为例，下设6个海事处，分别为石岛海事处、成山头海事处、新港海事处、刘公岛海事处、文登海事处以及乳山海事处。

（2）地方海事局。《中华人民共和国内河交通安全管理条例》第4条第1款规定："国务院交通主管部门主管全国内河交通安全管理工作。国家海事管理机构在国务院交通主管部门的领导下，负责全国内河交通安全监督管理工作。"另外，根据《国务院办公厅关于转发交通部水上安全监督管理体制改革实施方案的通知》（国办发〔1999〕54号）规定，地方海事部门负责中央管理水域以外的内河、湖泊和水库等的水上安全监督工作。全国31个省、自治区、直辖市以及新疆生产建设兵团均设有地方海事局。地方海事局属于当地交通部门的分支机构，是政府部门。以江苏省为例，江苏省地方海事局是省交通主管部门的分支机构，而南京市地方海事局、盐城市地方海事局、镇江市地方海事局、扬州市地方海事局、连云港市地方海事局、苏州市地方海事局、南通市地方海事局、无锡市地方海事局、泰州市地方海事局、常州市地方海事局、宿迁市地方海事局、徐州市地方海事局以及淮安市地方海事局分别是所在市的交通主管部门的分支机构，市级地方海事局下设各县（区）级海事处。

5. 其他政府执法部门

除了海事行政执法部门具有航运安全监管职责，其他政府部门也可能对辖区内的船舶具有监督管理职责。当具有航运安全监管职责的政府行政执法人员不履行或者不充分履行职责，导致发生水上交通事故时，应当承担航运安全监管失职责任。例如，李某甲作为太平镇政府招聘的签单员，在川乐中客0027号客渡船发航时未对上船乘客是否穿戴救生衣或救生浮具的情况进行检查，即签单发航。该船舶航行至"乐水居"处时，位于客舱中部未穿救生衣或救生浮具的被害人张某甲后仰落入水中死亡。法院判处被告人李某甲犯玩忽职守罪，免予刑事处罚。[1]

如果说船舶经营者的监管具有前置性，那么政府部门对航运安全的监管则具有最终的保障作用。海事或者其他政府行政执法人员通过行使公权力，对影响航运安全的各种因素，如船员、乘客（人的因素），船舶、货物（物的因素），航道、航标和港口（环境的因素），船公司（管理控制的因素）等进行监管，对航运安全具有最后的保障作用，是航运安全的最后一道防线。

（二）船上航运安全监管职责主体

船上具有航运安全监管职责的主体主要有船长、甲板部船员以及轮机部船员。

1. 船长

作为船舶安全航行的第一责任人，船长的航运安全监管职责是必不可少的。例如，船长应对船员值班的情况进行监督。如果由于船长疏于履行监督职责，导致值班船员疲劳或者醉酒驾驶，而引发水上交通事故的，船长就要承担监督过失的责任。另外，通常情况下，三副具有的航行经验较少，所以三副在驾驶台值班时，船长应当在航行环境复杂的情况下及时上驾驶台对三副进行指导，如果船长疏于履行监督职责，导致缺少航行经验的三副直接引发了水上交通事故，那么不仅三副涉嫌构成交通肇事罪，船长也应当承担监督过失责任。除此之外，在水上气候条件不符合航行的情况下，船长强令违章冒险航行而导致水上交通事故的，船长也具有航运安全监管过失的责任。在航运实践中，船长受雇于船舶

---

[1] 参见（2013）沙湾刑初字第69号。

经营者，对航运安全所具有的决定权受到了一定程度的限制。正如学者所言，船长从以往的既是现场指挥者又是决策者，变成了今天的现场指挥者和决策执行者，自身决策权所剩无几。[1] 船舶经营者在明知海况、船员配备或船舶性能不符合航行标准的情况下而强令船长开航的情况时而发生。例如，"大舜号"海难事故发生的前一天晚上6时许，大连气象台发出了海上大风警报，并表示会有7级阵风和大到巨浪。但公司有关领导几次到船上命令船舶准时开航，公司高层也亲自打电话命令船长开航。[2] 虽然法律赋予了船长安全航行的第一责任人身份，但在通常情况下，船长在开航前对是否出航没有最终的决定权，所以，此时不应一律将船长视为承担航运安全管理过失责任主体，可以根据期待可能性原理[3]减轻或者排除其责任。另外，由于水上通信手段发达，船舶经营者可随时获知船舶的航行状态，并且在发生危险情况时，船长大多数都被要求跟船舶经营单位进行沟通获取行动指示，可以看出，船长的"绝对权力"是受到限制的，所以，在这种情况下考察船长是否应承担航运安全监管过失的责任时应当慎重。

2. 甲板部船员

甲板部船员包括大副、二副、三副、驾驶助理、水手长、木匠、一级水手和二级水手等，其负责人是大副。鉴于篇幅所限，本书只对甲板部的主要成员，大副、二副以及三副的监管过失问题进行阐述。大副、二副以及三副不仅参与值班，并且在其各自的职责范围内，具有对相应的物的管理职责，抑或是对相应生产活动的监督职责。例如，除参与值班外，大副主管货物的配载、装卸、交接和运输管理以及甲板部的维修保养工作；二副主管驾驶设备，包括各种无线电航海仪器、气象仪表、操舵仪等设备；三副负责管理全船救生、消防设备和器材等设备。基于此，上述人员不仅可能由于违反水上交通运输规则而承担直接业务过失

---

[1] 乔归民：《关于船长权力的思考》，载《中国航海》2006年第1期，第14页。
[2] 参见马先山：《大舜号海难操纵因素探究》，载《天津航海》2007年第2期，第3页。
[3] 所谓期待的可能性，就是在具体情况下，能够期待行为人实施合法行为。因为能够期待行为人实施合法行为，所以能够对行为人的违法行为进行谴责。反过来说，在对行为人没有期待可能性的时候，即便行为人具有故意、过失，也不能对行为人进行谴责。参见黎宏：《日本刑法精义》（第二版），法律出版社2008年版，第225页。

的责任，也可能基于其监督管理地位而承担间接的业务过失的责任，即监督管理过失的责任。

3. 轮机部船员

轮机部船员包括轮机长、大管轮、二管轮、三管轮、机工长以及机工等。轮机长具有制定相关规章制度的职责，由于轮机长职责范围内的规章制度的缺陷而引发危害结果的，轮机长要承担管理过失的责任。大管轮、二管轮和三管轮分别对不同的设备具有管理的职责，由于设备的缺陷而引发危害结果的，对设备具有管理职责的船员要承担管理过失责任。此外，轮机长、大管轮以及机工长具有监督指挥职责，由于其怠于履行监督职责，导致所监督的第三人过失地引发危害结果时，具有监督指挥职责的人员便成为监督过失的责任主体。

三、航运安全监管的种类

以监管职责履行的地点不同，可将航运安全监管分为两大类。即陆上航运安全监管者的监管与船上航运安全监管者的监管。如前所述，陆上航运安全监管者包括船舶所有人（船舶实际控制人）、船舶经营单位的相关责任人员与海事等政府行政执法人员；船上航运安全监管者包括船长、甲板部船员以及轮机部船员。甲板部具有航运安全监管职责的主体包括大副、二副以及三副等，轮机部具有航运安全监管职责的主体包括轮机长、大管轮、二管轮以及三管轮等。

以监管的对象不同，本书将航运安全监管分为三大类，分别为对船员的监管、对船舶的监管、对职责范围内制度的制定或落实。实际上，船舶的营运系统包含四方面要素，分别是人、机（物）、环境以及管理要素。其中，船员属于人的要素，船舶、货物属于物的要素，航道和港口属于环境的要素，船公司属于管理的要素。然而本书研究的监管对象不包括对环境要素的监管，只包括对影响船舶安全的人的要素、物的要素以及制度要素监管。人的要素主要指船员，船员是船舶的主要操作者，船舶在水上从事运输或者其他生产活动离不开船员的参与。为了保证航运安全，船舶必须配有符合安全标准的船员。船舶经营者应按照《中华人民共和国船舶最低安全配员规则》的要求为所属船舶配备合格的船员。

各海事管理机构依照职责负责本辖区内的船舶安全配员的监督管理工作。另外,对于船舶的监管,主要是指对船舶、船舶所载乘客、货物以及船舶的相关设备的监管。如果船舶在水上环境恶劣时出航、船舶所载乘客超过船舶额定载客量、船舶的货物积载不良、船舶的排水阀等相关的装置不满足安全航行要求,这些都会成为水上交通安全隐患,因此,对船舶的监管也是航运安全的重要保障。对制度的监管主要是指具有安全管理制度制定职责的监管人员不充分履行安全管理制度的制定职责,或者应当落实安全管理制度的监管人员不充分履行安全制度的落实职责,而导致发生水上交通事故的,相关责任人员应当承担管理责任。例如,船长不落实总体的消防救生安全制度,不重视主持消防、救生演习,导致船上发生火灾事故后,船员与乘客慌乱不堪,造成了人员伤亡的严重后果,船长就应承担疏于履行安全制度的落实工作而导致的管理过失的责任。

以监管阶段的不同为划分标准,航运安全监管可分为船舶开航前的监管与船舶开航后的监管。在船舶开航前,船舶经营者应当妥善为船舶配备适任船员,并保证船舶所载的乘客、货物以及船舶的相关设备满足安全航行的要求。除此之外,海事等行政执法人员也应当根据具体的安全监管职责在船舶开航前对船舶的安全隐患进行排查,防止船舶"带病"出航。在船舶开航后,船舶经营者与海事等行政执法人员对航行过程中的船舶都要进行安全监管。船舶经营者要对船舶提供充足的岸基支撑,对航行中的船舶进行实时监控。"东方之星"轮沉船事件的调查报告指出,"东方之星"轮的经营单位重庆东方轮船公司未建立船舶监控管理制度、未配备专职的监控人员,监控平台形同虚设,对所属客轮未有效实施动态跟踪监控。[1]另外,海事局 VTS[2] 工作人员的具体职责就是对航

---

[1] 法制网:《"东方之星"号客轮翻沉事件调查报告(全文)》,http://www.legaldaily.com.cn/index/content/ 2015 - 12/30/content_ 6425729_ 2. htm, 2015 年 12 月 30 日。

[2] 所谓 VTS, 也称船舶交通管理系统,是指船舶交通管理机构为提高通航效率、促进海上交通安全,通过雷达监测控制、指挥、引导所辖区域港口、河流以及其他可控区域内的船舶按照一定的规则和时间进出港口,并在船舶发生紧急情况时协助船舶采取应急反应措施的岸基雷达导航系统。参见赵微、隋毅:《"VTS"职务过失罪与非罪的法理分析》,载《中国海商法研究》2012 年第 2 期,第 63 页。

行之中的船舶进行实时监控,以避免发生水上交通事故。如果 VTS 工作人员玩忽职守,疏于履行监督职责,也可能成为导致水上交通事故发生的原因之一。例如,2010 年某日,山东海事局青岛 VTS 中心的一名工作人员在值班过程中,正在按照程序和规则指挥、调度船舶进出港口,没能及时注意到雷达监测屏幕上另外两艘外籍船舶正处在即将发生碰撞的紧迫危险状态中,由于疏于监控,没有向这两艘船舶及时发出通知。最后,两艘外籍船舶发生碰撞。[1]另外,开航后的监管也包括船长、甲板部船员与轮机部船员对航运安全的监管。本书研究的航运安全监管是陆上航运安全监管主体开航前的监管,以及船上航运安全监管人员开航后的监管,并不包含船舶经营者以及海事等行政执法部门在航行过程中的监管。

综上所述,本书讨论的航运安全监管,一方面是指船舶经营者与海事或其他政府行政执法人员在船舶开航前,对船员是否符合最低配员标准,对船舶所载的货物、乘客、船舶相关设备是否达到适航标准而进行的监督与管理的活动;另一方面是指具有航运安全监管职责的船长、甲板部船员以及轮机部船员在开航前或者开航后,对其职责范围内的设备、对具有监督职责所指向的直接行为人以及对其职责范围内制度的制定与落实的监督与管理活动。

---

[1] 赵微主编:《水上交通犯罪的理论与实务》,黑龙江大学出版社 2012 年版,第 240 页。

第二章　航运安全监管过失刑事责任基本理论

对航运安全监管过失刑事责任的研究离不开对航运安全监管过失的研究。鉴于此，本章不仅对本书要研究的主题——航运安全监管过失刑事责任进行具体阐述，也对航运安全监管过失进行了研究，以奠定本研究的基础和前提。

第一节　航运安全监管过失犯罪概述

一、航运安全监管过失犯罪的定义

日本学者于20世纪70年代正式提出监督过失、管理过失理论。[1]监督过失是指"具有防止他人实行危险行为的监督地位的人，就其所负的监督义务而存在的过失责任"；管理过失是指"对于危险的设备、物、动物等的管理上所存在的过失责任"[2]。具体而言，监督过失是指具有监督地位的人，由于怠于履行对被监督者的监督义务，而由被监督者的行为导致发生刑法构成要件危害后果的，监督者要承担监督过失的刑事责任。被监督者主观心理状态通常为过失，但实际上，即使被监督者实施了无过失的行为而导致发生刑法构成要件危害后果的，监督者也应当承担相应的监督过失的刑事责任。而在被监督者故意引发危害后果的场合，通常可以依据信赖原则减轻或者免除监督者的刑事责任。管理过失是指

---

[1] [日] 前田雅英：《战后过失犯论的变化与近期动向》，载《现代刑事法》2002年第6卷，第4页。
[2] [日] 山中敬一：《刑法总论Ⅰ》，成文堂2004年版，第369页。

具有管理职责的人,由于怠于履行对物、设备等的管理义务,而由于被管理的对象的不安全状态引发了刑法构成要件危害结果的,管理者要承担管理过失的刑事责任。在管理过失中,可以有介入因素的介入,介入因素可以是第三人的过失行为,也可以是被害人的过失行为等。

监督管理过失理论是日本过失犯理论不断发展的产物,日本的过失犯理论按照时间发展的先后顺序分别为传统过失论、新过失论以及新新过失论。传统过失论以结果预见义务为核心,认为行为人只要对危害结果的产生具有预见可能性,那么对行为人进行刑事归责就是正当的。以结果预见义务为核心的旧过失论不当地扩大了刑事处罚范围。以交通肇事为例,在传统过失论的理论框架下,完全遵守交通运输规则的车辆驾驶人员将擅闯红灯的行人撞死的场合,车辆驾驶人也要对行人的死亡结果承担刑事责任。原因在于,驾驶车辆是具有危险性的社会行为,驾驶人对此是明知的,因此是可以预见到危害后果发生的。所以,无论驾驶人员是否遵守了交通规则,只要驾驶行为造成了他人死亡,就可以追究驾驶人员的刑事责任。新过失犯理论不仅要求行为人具有结果预见义务,还要求行为人履行结果回避义务。即使对结果有预见,也不当然成立过失犯罪,成立过失犯罪的充分条件在于行为人没有履行结果回避义务。换言之,新过失论认为,即便行为人已经预见到可能发生危害结果,但只要履行了结果防止的义务,就不应当成立过失犯。

随着"森永牛奶中毒事件"的发生和判决,学界产生了新新过失理论。森永乳业德岛工厂为了使奶粉具有良好的溶解度,从1953年开始,向协和产业购入"第二磷酸苏打",作为维持奶粉溶解度的安定剂,混入原料之中,生产奶粉。但是,1955年4月到7月,从协和产业所购入的"第二磷酸苏打"中,有一部分是从松野制药公司购进的,它和一般的"第二磷酸苏打"不同,含有大量的三氧化二砷(俗称砒霜)。因此,喝了含有松野制药公司的"第二磷酸苏打"的奶粉的小孩,有数人死伤。对于以上事实,德岛工厂的厂长和制造科长被以业务过失致死伤罪的罪名起诉。原来的一审判决认为,被告人没有预见的可能性,所以无罪。对此检察官提出了抗诉,第二审判决发回重审。理由是:行为人只要对工业用第二磷酸苏打中可能混入不纯物、有害物有漠然的恐惧感,就具有预见的可能性；被告人有订购合规格的产品，并对运来的药剂进行化学检查的义务，但是，他却没有履行这一义务。在发回重审后的第一审判决中，法院认为："预见的可能性不要求是能看到具体的因果关系的可能性，只要有不能忽视程度的恐惧感就够了"；因此，对忽视了订购合规格的产品和化学检查的制造科长判决有罪，对事务出身的厂长宣告无罪。[1] 监督管理过失也由此被正式提及。藤木英雄教授提出"预见可能性……具体的预见不一定必要，对危险的发生只要有畏惧感就够了。"[2]由此，监督管理过失所要求的结果预见义务是具体的还是抽象的，成为理论讨论的焦点。监督管理过失是日本刑法理论界灿烂的学术成果，前田雅英曾指出："监督过失是几乎没有受到国外论争直接影响的领域，在这个意义上，它是刑法理论中富有特色的存在。监督过失是回应我国实务所提出的问题而逐渐形成的理论之代表。"[3] 应当注意的是，前田雅英所指的监督过失是包含管理过失在内的广义的监督过失，即指监督管理过失。监督管理过失理论彰显出了强大的影响力与生命力，该理论的影响范围逐渐扩大到了包括我国在内的其他国家和地区。

本研究的监管过失是一种广义上的过失，具体包括监督过失和管理过失。所谓监督过失，是指处于让直接行为人不要犯过失的监督地位的人，违反该注意义务的过失。所谓管理过失，是指管理者对人、财、物等管理不善而构成的过失。[4] 基于此，航运安全监督过失，是指处于让直接行为人不要犯过失的具有航运安全监督地位的人，违反该注意义务的过失。以大舜号海难事故[5] 为例，在事故航次出航之前，海上安全监督员都基军与烟大轮渡公司海监室监督员范世会对安全检查中发现的车辆没有系固和系固不良等违规行为放任不管，未能排除运载车辆在海上风

---

[1] 参见黎宏：《日本刑法精义》（第二版），法律出版社 2008 年版，第 216—217 页。
[2] 马克昌：《比较刑法原理——外国刑法学总论》，武汉大学出版社 2002 年版，第 233 页。
[3] [日] 前田雅英：《监督过失》，载《法曹时报》第 42 卷第 2 号，第 299 页。
[4] 黎宏：《日本刑法精义》（第二版），法律出版社 2008 年版，第 221 页。
[5] 1999 年 11 月 24 日，山东烟大汽车轮渡股份有限公司所属客滚船"大舜"轮，从烟台驶往大连途中在烟台附近海域倾覆。船上 304 人中 22 人获救，包括船长、大副和轮机长等船上主要船员在内共 282 人遇难，直接经济损失约 6000 万元。参见中华人民共和国长江海事局编：《海上交通事故案例》，武汉理工大学出版社 2011 年版，第 57 页。

浪作用下相互碰撞的安全隐患。都基军与范世会的行为就属于航运安全监管过失行为。航运安全管理过失，是指航运安全管理人员对船员、船舶等管理不善而构成的过失。在水上交通运输领域，对航运安全具有监管职责的安监人员放任或指使不具有航行资格的船员驾驶船舶，以及放任或指使带有其他安全隐患的船舶出航作业都属于航运安全管理过失的行为。再以"大舜"号海难事故为例，烟大公司总经理兼党委副书记高峰，以及烟大公司分管生产安全工作的副总经理于传龙疏于对大舜号进行管理，具有航运安全管理过失行为。综上所述，航运安全监管过失行为是指，对航运安全具有监管职责的安监人员不履行或不充分履行航运安全监督职责，抑或不履行或不充分履行航运安全管理职责的行为。另外，具有航运安全监管职责的安监人员不履行或不充分履行航运安全监管职责的行为引发了刑法构成要件的危害结果，就构成了航运安全监管过失犯罪。

二、航运安全监管过失犯罪的特点

航运安全监管过失犯罪是一种过失犯罪，安监人员虽然主观上违反航运安全监督管理职责是故意的，但主观上对于最终危害后果的发生则持有过失的心态。另外，鉴于航运安全监管过失犯罪是一种过失犯罪，所以犯罪成立的前提是产生了法定构成要件的危害结果。除具备过失犯罪的特点以外，本书研究的航运安全监管过失犯罪也具有其自身的特性。首先，航运安全监管过失犯罪的主体包括陆上具有航运安全监管职责的人员——船舶经营单位的相关责任人、船舶的实际控制人以及海事等政府行政执法人员，以及船上具有航运安全监管职责的人员——船长、甲板部船员以及轮机部船员。其次，航运安全监管过失犯罪的危害结果通常是由介入因素直接导致的，因此，通常情况下，航运安全监管过失犯罪的因果关系具有间接性。最后，航运安全监管过失犯罪的实行行为发生在船舶开航前，以及船舶开航后的阶段。陆上具有航运安全监管职责的人员所实施的航运安全监管过失犯罪的实行行为发生在开航前，而船上具有航运安全监管职责的人员所实施的航运安全监管过失的实行行为发生在开航后，但是并不排除船上具有航运安全监管职责人员的监管过失的实行行为发生在开航前的特殊情形,例如,船长在开航前实施的强令违章冒险作业行为,以及大副在开航前装卸货物过程中疏于履行监督职责的行为等。

第一,本书研究的航运安全监管过失犯罪主体包含两大类,即陆上具有航运安全监管职责的责任人与船上具有航运安全监管职责的责任人。陆上具有航运安全监管职责的责任人包含具有航运安全监管职责的船舶经营单位的相关责任人、船舶的实际控制人与海事等政府行政执法人员。船上具有航运安全监管职责的责任人包括船长、甲板部船员以及轮机部船员。上述两类主体是否充分履行航运安全监管职责会对航运安全产生重要影响,若上述人员由于其怠于履行监督职责,而为航行安全埋下隐患,为介入因素直接引发水上交通事故提供了机会,产生了刑法构成要件危害结果时,上述人员就可以成为航运安全监管过失犯罪的刑事责任主体。

第二,航运安全监管过失犯罪的因果关系通常具有间接性。通常情况下,航运安全监管过失行为所致的危害结果,是由于船舶驾驶人员或者其他主体的过失行为,或者是由于风浪等自然因素的介入,抑或是上述人为因素与自然因素的共同介入而引起的。可以说,危害结果的产生,经历了双层次的因果关系流程,因果关系具有间接性,具体表现为:航运安全监管失职行为——介入因素——水上交通事故。航运安全的监管失职行为只是为介入因素直接引发危害后果提供了机会。例如,对船员的配备具有监管职责的安监人员,如果疏于履行监管职责,导致船舶在不满足配员标准的情况下出航作业,而在船舶航行中由于不适任的船员不能熟练掌握航行知识而违反水上交通运输规则,导致水上交通事故的发生,引发刑法构成要件危害后果的场合,就体现出了航运安全监管过失犯罪因果关系所具有的间接性的特点。

具体而言,陆上具有航运安全监管职责人员所涉的监管过失的因果关系的间接性表现如下:

在航运安全监督过失的场合,具有管理地位的船舶经营单位的相关责任人员、船舶实际控制人或者海事等政府行政执法人员,在船舶开航前疏于履行监督职责,为船舶在水上从事生产运输工作埋下了安全隐患,最后，在第三方因素的作用下，引发了水上交通事故。例如，大舜号在出航前，具有监督职责的烟大轮渡公司海监室监督员范世会，在对大舜轮进行安全检查过程中违反规定，对检查中发现的车辆没有系固和系固不良等违规行为未予制止，而大舜号在航行过程中遇到了大风浪天气，船长下令将船舶掉头转向。在大风浪和船长掉头转向这两个介入因素的介入下，船体倾斜，未系固的车辆相互碰撞起火，引发了重大水上交通事故。

在航运安全管理过失的场合，具有管理地位的船舶经营单位的相关责任人员、船舶实际控制人或者海事等行政执法人员，疏于履行对船舶的管理职责。导致船员在不适任，船舶在不适航，或者存在其他安全隐患的情况下出航作业，在船舶驾驶人员或者船上其他工作人员的过失行为的介入下，抑或是在水上自然因素的作用下，引发了水上交通事故，航运安全管理过失的行为与危害结果之间具有间接性的特点。例如，2012年11月27日，"先锋118"轮载运约5800吨海砂自葫芦岛驶往天津，在航行途中遭遇大风浪恶劣天气，由于该轮2个货舱均未配有风雨密舱或等同风雨密设备，甲板持续上浪，货舱大量进水，船舶沉没，船舶1人失踪。经查，事发当时，该船处于超载状态，船上5名船员均未持有船员适任证书。[1]在"先锋118号船舶沉没案"中船舶实际控制人陶光辉在船舶不适航、船员不适任的情况下，一直逃避监管在渤海湾内非法从事砂石运输，船舶实际经营人陶光辉对船舶具有管理过失责任；另外，先锋船务有限公司是"先锋118"轮的挂靠单位，但其未对该轮进行有效管理，先锋船务有限公司的相关责任人员也具有管理过失的责任。船舶的实际控制人陶光辉与先锋船务有限公司的相关责任人员的管理过失行为与危害结果之间的因果关系就表现出了间接性。

船上具有航运安全监管职责人员所涉的监管过失的因果关系的间接性表现如下：

在航运安全监督过失的场合，具有监督地位的船长、甲板部船员以及轮机部船员疏于履行对相关人员的监督职责，未能对处于被监督者地

---

[1] 参见《辽宁海事局关于葫芦岛"11·27""先锋118"轮沉没事故的结案报告》。

位的人员的违规行为进行制止，从而引发了水上交通事故。例如，船长疏于履行监督职责，导致经验较少的三副在通航环境复杂的情况下，引发了水上交通事故。在航运安全管理过失场合，具有管理地位的船长、甲板部船员以及轮机部船员疏于履行其职责范围内对物的管理，或者疏于制定或落实其职责范围内的安全管理制度，从而在其他人为或者自然因素的作用下间接地引发了水上交通事故。

第三，陆上具有航运安全监管职责主体的监管过失的实行行为发生在船舶开航前。为保证船舶水上航行安全，在船舶开航前，具有航运安全监管职责的安监人员应当充分履行船舶安全监管职责，排除安全隐患，为航运安全提供保障。至于对船舶安全具有监管职责的船舶经营单位的相关责任人、实际控制人与海事等政府行政执法人员在船舶航行过程中的监管过失涉罪行为并不在本书的研究范围内。例如，海事局 VTS 工作人员的监管失职涉罪行为，就不是本书要研究的航运安全监管过失犯罪的实行行为。本书所研究的船上的具有航运安全监管职责主体——船长、甲板部船员以及轮机部船员的监管过失行为既可发生在开航前也可发生在开航后，如船长在开航前的强令违章冒险作业行为发生在开航前，而船长疏于履行对值班驾驶员监督的行为则发生在开航后。

三、航运安全监管过失犯罪的形态

《刑法》第 25 条规定："共同犯罪是指二人以上共同故意犯罪。二人以上共同过失犯罪，不以共同犯罪论处；应当负刑事责任的，按照他们所犯的罪分别处罚。"可以看出，我国刑事立法认为共同犯罪只能由故意构成，并不承认共同过失犯罪的成立。由于我国刑事司法审判完全遵照立法的规定，所以，在我国司法实践中，并没有直接肯定共同过失犯罪的案例。然而笔者认为，在立法、理论以及司法实务中应当认同共同过失犯罪的观点。只要两个或两个以上过失行为人违反了共同的注意义务（该共同义务不仅要求行为人要注意自己的行为，也要让对方遵守注意义务），从而引发了刑法构成要件的危害结果，各行为人之间就成立共同过失犯罪。之所以承认共同过失犯罪，是因为要借鉴"部分行为全部责任"的共同犯罪的处罚原则。

首先，无论从被害人法益保护的角度出发还是从违反共同注意义务的各过失行为人的角度出发，承认共同过失犯罪都是正当且意义重大的。从保护被害人的角度出发，如果确定法益受到侵害，甚至出现了相当严重的法益侵害结果，就要尽可能地在合理的范围内追究相关人员的刑事责任。从违反共同注意义务的各过失行为人的角度出发，在各行为人皆有过失的情形下，令其负过失共同正犯的刑事责任并无任何不当。

其次，从过失犯罪成立条件的角度考察，也留有共同过失犯罪成立的空间。过失单独正犯的成立要件有三：注意义务违反、结果回避可能性、预见可能性。其中注意义务违反和预见可能性是一切过失犯成立的基础要件，是不能有任何退让的。但结果回避可能性要件在一定条件下可以允许有所放松。[1]与单独过失犯的成立要件不同，在成立共同过失犯罪的情形下，不要求证明每个行为人违反注意义务的行为与危害结果之间具有可证明的引起与被引起的关系，只需要证明违反共同注意义务的行为作为一个整体与危害结果之间存在引起与被引起的关系足矣。正是因为各行为人都没有尽到注意，相互助长了对方的不注意，产生了不注意的共同心理，才共同引发了危害结果。[2]在可罚性层面，共同过失犯罪中违反共同的注意义务可以补足单个行为人结果回避可能性的缺失。

最后，德国和日本在刑事立法中并没有直接否认共同过失犯罪的成立。德国《刑法》第25条第2款规定："如果是多人共同地实施犯罪行为，那么，每一个人都作为行为人处罚。"在德国，也有学者肯定共同过失犯罪，并指出："有关过失共同正犯之理论根据，系基于具有过失犯结果归责价值性之'违反注意义务'，亦即'共同违反义务'。换言之，基于过失而共同违反共同注意义务者，即所谓过失共同正犯。"[3]德国司法实践中也有对共同过失犯罪抱有肯定态度的司法例，例如，甲、乙两人在回家途中发现河岸的山坡上有两块大石头，于是甲建议将大石头推落

---

[1] 曹菲：《管理监督过失研究——多角度的审视与重构》，法律出版社2013年版，第193页。

[2] 孟庆华：《从央视大火案看共同过失犯罪的成立》，载《政法管理干部学院学报》2010年第5期。

[3] 余振华：《瑞士之过失共同正犯论》，载《刑法深思·深思刑法》，台北元山出版公司2005年版，第231页。

至山坡下。乙接受了甲的建议。两个大石头之一恰巧击中坡道上的渔夫丙，导致丙死亡的结果。然而根本无法查清究竟是其中的哪一块石头击中丙的。联邦法院认为，行为人如果没有遵守注意义务，且该不注意的行为符合构成要件时，均成立过失犯的正犯。[1]。

日本《刑法》第 60 条规定："二人以上共同实行犯罪的，都是正犯。"因此，日本刑事司法实践中就有了认可共同过失犯罪的可能。实际上，在日本刑法学界，共同过失犯罪的观点已经得到了普遍认可，持行为共同说的学者认为只要前构成要件的行为相同，无论行为人的主观罪过的内容相同与否，也无论行为人有无意思联络，都成立共同犯罪，因此持该说的学者很容易接受共同过失犯罪；而持犯罪共同说的学者则对是否承认共同过失犯罪存在分歧，但目前通说的观点是肯定了过失犯的共同正犯。[2]司法实践中也有肯定共同过失犯罪的案例，例如，在一起由两人共同引起火灾的案件中，法院的判决指出，由于两名被告人的不注意，没有做任何调查和确认，而在共同意思联络的基础上使用火炉，且没有完全熄火后就离开，因该炭火过热烧焦木板而着火，造成该工作室建筑物烧毁。两被告人对工作场所的炭火如果过热则有烧焦木板而导致起火的危险应有认识，而在意思联络的基础上没有采取任何措施便离开，未能尽到防止结果发生的义务。根据这一点认定被告人二人成立共犯关系，实属相当。[3]综上所述，在学术探讨的语境下，笔者认同共同过失犯罪的观点。

笔者在认同共同过失犯罪观点的前提下，对航运安全监管过失犯罪的形态进行进一步考察。分开来看，航运安全监督过失是指具有船舶安全监督职责人员不履行或者不充分履行监督职责，而为第三人的违规行为引发危害后果提供了机会。此时，具有监督职责的责任人员可能就要承担监督过失的刑事责任。在航运安全监督过失犯罪的场合，具有监督

---

[1] 参见郑泽善：《共同正犯若干问题研究》，载《政治与法律》2014 年第 11 期，第 3 页。
[2] 参见张明楷：《刑法的基本立场》，中国法制出版社 2002 年版，第 259 页。
[3] 参见日本《高等裁判所刑事裁判特报》第 3 卷第 21 号，第 1007 页。转引自郑泽善：《共同正犯若干问题研究》，载《政治与法律》2014 年第 11 期，第 5 页。

职责主体的过失与被监督者的过失之间是一种过失竞合[1]的关系，二者的过失行为叠加在一起，而共同导致危害结果的发生，但由于监督者和被监督者之间的注意义务不同，二者并不能成立共同过失犯罪。例如，在大舜号事故中，检查人员对检查中发现的车辆没有系固和系固不良等违规行为未予制止，导致车辆在船舶发生倾斜时相互碰撞起火。该事故中，检查人员应当承担相应的监督过失的刑事责任，但是检查人员与对车辆进行捆绑固定的行为人并不成立共同过失犯罪，这是由于检查人员与从事捆绑车辆的工人不具有平等的身份地位，二者不具有共同的注意义务。

航运安全管理过失是指对船舶安全具有保证人地位的主体疏于履行管理职责，而间接引发水上交通事故时，具有保证人地位相关责任人员就应当承担管理过失的责任。与航运安全监督过失不同，航运安全管理过失的成立并不一定要以第三人的过失行为作为媒介，例如，在大管轮疏于履行对舵机的日常保养与维护而导致舵机失灵而引发水上交通事故的场合，大管轮就应当承担航运安全管理过失的责任，此时并不需要以第三人的过失行为为媒介。因此，在航运安全管理过失的场合，在没有第三人的过失行为为介入因素的情况下，管理过失只是一种单独的过失；在有第三人的过失行为为介入因素的情况下，管理者的过失行为与第三人的过失行为之间是一种过失竞合的关系。例如，船舶实际控制人在事故航次中并没有为船舶配备具有适任资格的船员，而该未适任船员由于不能熟练操作，而直接引发了刑法构成要件危害结果，发生了水上交通运输事故，那么此时，船舶实际控制人的管理过失与船员的过失行为之间就存在过失竞合关系。另外，应当注意的是，即使是由于船舶实际控制人的管理过失与他人的过失相竞合而共同引发了危害后果，也不具有共同过失犯罪的形式，这是因为管理者与他人并不具有平等的身份地位，所违反的注意义务并不相同。

即使航运安全监督过失与管理过失并不成立共同过失犯罪，但并不能否认航运安全监督过失或者管理过失的案件中共同过失犯罪形式的存

---

[1] 竞合过失界定为：不具有共同注意义务的复数加害人，因违反各自注意义务的过失行为共同作用而产生同一危害结果的复数过失。参见王东明：《论过失竞合与共同过失的关系》，载《山东社会科学》2012年第4期，第116页。

在。当由两个以上行为人共同履行船舶安全的监督职责时，或者由两个以上行为人共同履行船舶安全的管理职责时，还是有成立共同过失犯罪的余地的。例如，海事行政执法人员刘某、王某在海事现场检查执法工作中严重不负责任，不认真履行职责，致使寿光祥龙航运有限公司"寿海188"轮在未依法办理签证、配员不足、船员无适任证书的情况下出海作业，致使该轮与"冀滦渔03840"轮发生碰撞[1]，在这个案件中，由于违反共同的注意义务，刘某和王某可成立共同过失犯罪。另外，在航运安全管理过失的场合，也有成立共同过失犯罪的余地。在"明珠岛二号倾覆事故案"[2]中，河南省济源市交通局分管港航局工作的副局长卫某、河南省济源市港航管理局分管交通航运中心工作的副局长牛某某与河南省济源市港航局分管水上安全工作的副局长韩某某明知有"调水调沙禁航"的命令却不执行，三人违反了共同的注意义务，是一种共同过失犯罪，另外，桐树岭港监站站长张某某、郭某某不按规定对船员配备、载客人数、救生消防设施进行监督检查，二人违反共同的注意义务，也成立共同过失犯罪。

另外，在对船舶安全具有监督管理地位的船舶经营单位的相关责任人或者船舶实际控制人与对船舶具有监督管理地位的海事等政府相关责任人员之间是否可以成立共同过失犯罪呢？对此，笔者持有否定的观点。共同过失犯罪的成立，要求在共同注意义务的履行上具有双向性或者依附性，即不但需要预见和避免自己的行为造成危害结果的发生，还需要提醒、警戒其他共同行为人预见和避免危害结果的发生。[3]所以，成立共同过失犯罪就要求各过失行为人之间具有平等的身份地位，而具有船舶安全监管地位的市场经营主体与海事等政府相关责任人员之间不具有平等的地位，因此不能满足共同过失犯罪"不仅要注意自己的行为，也要让对方遵守注意义务"的注意义务相互性的要求。

---

[1] 一审法院判处被告人刘某与王某构成渎职犯罪，二审维持原判。参见（2016）鲁0783刑初440号，（2016）鲁07刑终554号。

[2] 参见易益典：《风险社会中监督过失犯罪的刑法治理》，中国社会科学出版社2014年版，第159—160页。

[3] 王东明：《论过失竞合与共同过失的关系》，载《山东社会科学》2012年第4期，第118页。

第二节　航运安全监管过失刑事责任概述

一、航运安全监管过失刑事责任的界定

在大陆法系刑法理论中，责任的概念主要在阶层的犯罪论体系中被提及。在由违法与责任两大支柱构成的阶层犯罪论体系中，责任是指对行为人进行非难的可能性。而有责性（责任）的基础，是具有辨认与控制能力的人，具有接受法律规范的要求、实施合法行为的可能性，却不接受法律规范的要求，实施了符合客观构成要件的违法行为。[1]即使肯定大陆法系的刑法理论中存在刑事责任的概念，那它所探讨的内容也只是对行为人进行非难可能性的问题。而真正提及刑事责任概念的是苏俄刑法学者，苏俄刑法学者在构建统一的犯罪构成体系以后，提出了犯罪构成是刑事责任唯一根据的命题，由此而另外创立了刑事责任理论。[2]苏俄学者所提出的刑事责任的概念也引发了我国学者的广泛思考，并由此引发了对刑法结构的讨论。刑法结构的讨论主要涉及的是刑事责任的功能和地位的问题。在对刑法结构的讨论中，主要形成了三种相关学说，即：罪责刑结构说、罪刑结构说以及责罪刑结构说。罪责刑结构认为刑法由犯罪论、刑事责任论以及刑罚论三部分构成，并且认为刑事责任问题应该置于犯罪论之后，刑罚论之前被讨论。例如，有学者指出："刑事责任填补了罪与刑之间的空白，从而形成了一个解决犯罪问题的前后贯通、层层深化的全面考察问题的线索。罪—责—刑的逻辑结构，应当成为处理刑事案件的具体步骤和过程，成为刑法理论的基本体系。"[3]罪刑结构是指刑法体系由犯罪与刑事责任两部分构成。张明楷教授曾指出："犯罪是刑事责任的前提，刑事责任是犯罪的法律后果；刑罚只是刑事责任的

---

[1] 张明楷：《犯罪构成体系与构成要件要素》，北京大学出版社2010年版，第106—107页。
[2] 陈兴良：《从刑事责任理论到责任主义——一个学术史的考察》，载《清华法学》2009年第2期，第10页。
[3] 中国法学会刑法学研究会组织编写：《全国刑法硕士论文荟萃（1981届—1988届）》，中国人民公安大学出版社1989年版，第20页。

基本实现方式,而不是刑事责任的唯一实现方式,刑罚与非刑罚处罚方法一样,是刑事责任的下位概念。"[1]责罪刑结构认为,刑法的基本结构按顺序应该分别是刑事责任、犯罪以及刑罚。这种体系认为犯罪与刑罚都是从刑事责任中引申出来的。曲新久教授在提出责罪刑结构的同时,认为刑事责任是整个刑法学范畴体系的最上位概念[2]。

刑事责任的定义与刑法结构理论息息相关。在确定刑法结构的基础上,才能实现对刑事责任内涵的界定。目前,罪责刑结构已经被我国权威刑法教科书——高铭暄与马克昌主编的《刑法学》(第五版)所采纳,该书将刑事责任设为一章,置于犯罪论内容之后,刑罚论内容之前,采取犯罪论—刑事责任论—刑罚论的体系。在罪责刑体系的刑法结构中,刑事责任的定义主要有后果说、义务说以及谴责说等学说。而我国刑事立法是在法律后果的意义上使用刑事责任概念的,即刑事责任被认为是一种法律后果。例如,《刑法》第14条第2款规定:"故意犯罪,应当负刑事责任。"本条的含义是,故意犯罪的应当承担相应的法律后果。另外,虽然张明楷教授支持"罪刑结构"的刑法体系,但其也是将刑事责任与犯罪的法律后果作为大体等同的概念使用的,并指出:"刑事责任,是指行为人因其犯罪行为所应承受的,代表国家的司法机关根据刑事法律对该行为所作的否定评价和对行为人进行的谴责的责任。"[3]法律后果的表现形式有三种:第一,通过给予刑罚处罚使行为人承担犯罪的法律后果;第二,通过使用实体上的非刑罚处罚(处分)方法使犯罪人承担法律后果;第三,通过宣告行为构成犯罪使犯罪人承担法律后果。[4]而本书也是在法律后果的意义上使用刑事责任概念的。

对航运安全监管过失涉罪行为人的最后处理结果无外乎有三种:其一,不认为是犯罪;其二,定罪免刑;其三,定罪量刑。根据上述法律后果的表现形式可以看出,只有在定罪免刑与定罪量刑的情形下才会存在刑事责任的问题。换言之,成立犯罪是探讨刑事责任的充分必要条件。

---

[1] 张明楷:《刑事责任论》,中国政法大学出版社1992年版,第149—150页。
[2] 曲新久:《试论刑法学的基本范畴》,载《法学研究》1991年第1期,第40页。
[3] 张明楷:《刑法学》(第四版),法律出版社2011年版,第446页。
[4] 张明楷:《刑法学》(第四版),法律出版社2011年版,第450—451页。

而航运安全监管过失犯罪的成立遵循着"定性＋定量"的犯罪认定模式。例如，要判断海事行政执法人员是否构成航运安全监管过失犯罪，重点要考察是否齐备了玩忽职守罪的构成要件，同时，在量的方面也要考察行为人所造成的危害结果是否达到了玩忽职守罪的入罪标准。可见，航运安全监管过失行为人承担航运安全监管过失犯罪刑事责任的依据，首先需要满足犯罪构成四要件在质的方面的要求。而在司法实践中，在追究犯罪嫌疑人的刑事责任时，以犯罪客体、犯罪客观方面、犯罪主体与犯罪主观方面组成的传统的四要件理论体系已经凸显出弊端，尤其在认定过失犯罪中，主观的过失难以认定。鉴于此，本书主张将主观的过失客观化，通过研究航运安全监管过失行为人实质化了的实行行为、危害结果以及因果关系来寻求航运安全监管过失犯罪成立的"质"的依据，本书将在第五章重点论述这部分内容。

二、航运安全监管过失刑事责任与相关责任的关系

在航运安全监管过失案件中，只有安监人员的监管过失行为构成犯罪，才可追究安监人员的刑事责任。并不是对所有的航运安全监管过失行为人都要追究刑事责任，还可能需要追究相关责任人的行政法律责任，或者可能需要追究具有党员身份的相关责任人的党员纪律责任。

例如，在"大舜号"事故中，法院以重大劳动安全事故罪判处被告人高峰（烟大公司总经理兼党委副书记）有期徒刑6年，判处被告人于传龙（烟大公司分管生产、安全工作的副总经理）有期徒刑5年，判处被告人范世会（烟大公司海监室安全监督员）有期徒刑5年，判处被告人都基军（山东省烟台海监局监督科副科长）有期徒刑5年。[1]另外，在分别追究了4名安监人员刑事责任的同时，也追究了其行政法律责任或者党员纪律责任。烟大公司总经理兼党委副书记高峰，分管生产、安全工作的副总经理于传龙，对事故负有主要领导责任，被开除党籍、开

---

[1] 参见人民网：《1999年11月24日山东"大舜"号轮船海上遇难282人遇难（直接经济损失约9000万元直接责任人员被判刑）》，http://www.people.com.cn/GB/historic/1124/5310.html，最后访问日期：2019年6月1日。

除公职；烟大公司海监室安全监督员范世会，对事故负有直接责任，被开除公职；山东省烟台海监局监督科副科长都基军，对事故负有直接责任，被开除党籍、开除公职。[1]

除追究4名安监人员的刑事责任外，还追究了其他相关责任人员的行政法律责任以及党员纪律责任：烟大公司海监室主持日常工作的副主任张绍坤，对事故负有重要领导责任，被留党察看一年、撤销副主任职务；烟大公司生产经营部经理王云文，对事故负有主要领导责任，被开除党籍、开除公职；烟大公司党委书记兼副总经理刘宝敏，对事故负有重要领导责任，被撤销党委书记、解聘副总经理职务；山东航运集团公司总经理、党委书记兼烟大公司董事长王兴业，对事故负有主要领导责任，被开除党籍、开除公职；山东航运集团公司分管安全生产工作的副总经理于新建，对事故负有主要领导责任，被留党察看一年、撤销副总经理职务；山东省烟台海监局监督科科长王希源，对事故负有重要责任，被留党察看一年、撤销科长职务；山东省烟台海监局局长、党委书记王炳江，对事故负有重要领导责任，被撤销党内外一切职务；山东省交通厅分管安全生产和水运工作的副厅长、党组副书记（正厅级）龚学智，对事故负有重要领导责任，被撤销党内外一切职务；山东省交通厅厅长、党组书记周秋田，对事故负有重要领导责任，被党内严重警告、行政记大过。[2]

那么，什么情况下可以追究安监人员的刑事责任？什么情况下可以追究安监人员的行政责任？什么情况下可以追究安监人员的党员纪律责任？在航运安全监管失职案件中，要明确安监人员刑事责任的适用界限，就要明确刑事责任、行政法律责任与党员纪律责任的适用原则和条件，妥善将这三种责任区分开来。

---

[1] 参见人民网：《1999年11月24日山东"大舜"号轮船海上遇难282人遇难（直接经济损失约9000万元直接责任人员被判刑）》，http://www.people.com.cn/GB/historic/1124/5310.html，最后访问日期：2019年6月1日。

[2] 参见人民网：《1999年11月24日山东"大舜"号轮船海上遇难282人遇难（直接经济损失约9000万元直接责任人员被判刑）》，http://www.people.com.cn/GB/historic/1124/5310.html，最后访问日期：2019年6月1日。

（一）航运安监失职人员的行政法律责任与党员纪律责任

在航运安全监管过失案件中，也有追究安监人员行政法律责任或者党员纪律责任的情形。同刑事责任一样，本书对行政法律责任和党员纪律责任的研究也是站在"后果"的立场上。

1. 行政法律责任

行政责任与刑事责任都是法律责任。行政法律责任的承担方式主要包括两个层面：一是以违法的行政主体为主要适用对象的撤销违法行政行为、履行职务或法定义务、通报批评、赔礼道歉等；二是以违法的行政相对人为主要适用对象的罚款、拘留、责令停产停业、吊销营业执照等。[1]在这个意义上，航运安监失职人员的行政法律责任是第一个层面中的以违法的行政主体为适用对象的行政法律责任，航运安监失职人员的行政法律责任是由于航运安监失职人员违反了《生产安全法》《公务员法》《行政机关公务员处分条例》《国务院关于特大安全事故行政责任追究的规定》等行政法律法规所产生。具有船舶安全监督管理职责的船舶经营单位的相关责任人，违反了有关安全生产的行政法律规范，就要承担相应的行政处分责任。另外，具有公务员身份的行为人违反了规范公务员行为的相关行政法律规范，也要承担相应的行政处分责任。根据《行政机关公务员处分条例》第6条规定："行政机关公务员处分的种类为：（一）警告；（二）记过；（三）记大过；（四）降级；（五）撤职；（六）开除。"例如，如果具有公务员身份的航运安全监管人员在工作中玩忽职守或者具有贻误工作的其他情形，不履行或者不充分履行监管职责的，即使没有造成刑法构成要件的危害结果，而造成了严重水上污染事故或者造成严重水上人员伤亡事故的，就要承担公务员纪律责任。另外，对水上交通事故的发生具有重要的领导责任的公务员，也要承担公务员纪律责任。

2. 党员纪律责任

党员纪律责任并不是法律责任，它是一种党内处分责任。具有党员

---

[1] 张旭：《民事责任、行政责任和刑事责任——三者关系的梳理与探究》，载《吉林大学社会科学学报》2012年第2期，第56页。

身份的人违反《中国共产党章程》中规定的党的纪律时，党组织就要给予其相应的党内处分责任。根据《中国共产党纪律处分条例》第 8 条规定："对党员的纪律处分种类：（一）警告；（二）严重警告；（三）撤销党内职务；（四）留党察看；（五）开除党籍。"由此可知，如果具有党员身份的航运安全监管主体，在履行监管职责的过程中，不履行或者不充分履行监管职责，虽然尚未造成刑法构成要件的危害结果，但是也给党、国家和人民的利益造成了重大损失，或者该主体虽然不具体履行航运安全监督管理职责，但是对水上交通事故的发生具有重要的领导责任，都要承担相应的党员纪律责任。

（二）航运安全监管过失人员刑事责任与行政责任的界限

我国相关行政法律法规对责任人员违反法定职责而引发安全生产事故所要承担行政责任的情形作了规定。例如，《国务院关于特大安全事故行政责任追究的规定》第 2 条规定："……地方人民政府和政府有关部门对特大安全事故的防范、发生直接负责的主管人员和其他直接责任人员，比照本规定给予行政处分；构成玩忽职守罪或者其他罪的，依法追究刑事责任。……"《安全生产法》第 87 条规定："负有安全生产监督管理职责的部门的工作人员，有下列行为之一的，给予降级或者撤职的处分；构成犯罪的，依照刑法有关规定追究刑事责任：（一）对不符合法定安全生产条件的涉及安全生产的事项予以批准或者验收通过的；（二）发现未依法取得批准、验收的单位擅自从事有关活动或者接到举报后不予取缔或者不依法予以处理的；（三）对已经依法取得批准的单位不履行监督管理职责，发现其不再具备安全生产条件而不撤销原批准或者发现安全生产违法行为不予查处的；（四）在监督检查中发现重大事故隐患，不依法及时处理的。负有安全生产监督管理职责的部门的工作人员有前款规定以外的滥用职权、玩忽职守、徇私舞弊行为的，依法给予处分；构成犯罪的，依照刑法有关规定追究刑事责任。"《安全生产法》第 91 条规定："生产经营单位的主要负责人未履行本法规定的安全生产管理职责的，责令限期改正；逾期未改正的，处二万元以上五万元以下的罚款，责令生产经营单位停产停业整顿。生产经营单位的主要负责人有前款违法行为，导致发生生产安全事故的,给予撤职处分;构成犯罪的,依照刑法有关规定追究刑事责任。……"

上述这些条款也可成为航运安全监管过失人员承担行政责任的依据。行政法律法规在对相关责任人的行政责任进行规定之后,通常会指出"构成犯罪的,依照刑法有关规定追究刑事责任"。航运安全监管过失人员涉嫌构成的犯罪都是法定犯,而立法者在法定犯的罪状表述中一般采用情节犯或者数额犯的形式作为定罪标准,并通过司法解释的方式对具体的情节和数额进行量化,以此和一般秩序违法行为进行区分。[1]由于航运安全监管过失人员违反行政法律法规的行为与航运安全监管过失人员违反刑事法律规范的行为表现一致,都是违反了相关航运安全监管职责,所以,航运安全监管过失人员承担刑事责任与行政责任的界限并不在于行为方面"质"的不同,航运安全监管过失人员承担刑事责任与行政责任的界限在于监管过失行为所造成的结果在"量"上的差异。

然而,在司法实践中,根据行为人所造成的危害结果在"量"上的不同而将刑事责任与行政责任区分开来的方法是不具有现实可操作性的。刑事责任与行政责任的划分不能单独地依赖对危害结果"量"的考察,在行为人的行为造成了刑法构成要件危害后果的场合,就追究行为人的刑事责任是不合理的,也是与实践相悖的。实践中比较常见的是,即使行为人造成的危害结果的严重程度达到了法定犯的立案标准,甚至远远比成立犯罪所要求的刑法构成要件危害结果更为严重,但是仍没有追究违反相关行政法律法规的行为人的刑事责任。这是因为,在实践中,刑事责任与行政责任的界限不仅在于危害结果的大小,也与因果关系的认定有着必然的联系。在航运安全监管过失案件中,航运安全监管过失行为人承担刑事责任与行政责任的界限实际上正是与危害结果的大小,以及监管过失行为人的过失行为与危害结果之间的紧密程度(即对引起危害结果的安全隐患的实际监督权或者管理权的强弱)有直接的关系。

以"大舜"号为例,在这场造成 285 人死亡,5 人失踪的重大灾难事故发生后,法院追究了烟大公司 4 名责任人的刑事责任:法院以重大劳

---

[1] 黄京平等:《官员问责制中的刑法问题研究》,中国人民大学出版社 2017 年版,第 51 页。

动安全事故罪判处被告人高峰（烟大公司总经理兼党委副书记）有期徒刑 6 年，判处被告人于传龙（烟大公司分管生产、安全工作的副总经理）有期徒刑 5 年，判处被告人范世会（烟大公司海监室安全监督员）有期徒刑 5 年，判处被告人都基军（山东省烟台海监局监督科副科长）有期徒刑 5 年。被告人范世会在对大舜轮进行安全检查过程中，违反海上交通法规和规章制度，对检查中发现的车辆没有系固和系固不良等违规行为未予制止。与烟大公司承担刑事责任的其他责任人员相比，范世会对引发危害结果的安全隐患的实际监管权是最强的。另外，鉴于该事故造成的严重后果，对安全隐患的实际监管权较强的、距离危害结果较远的分管安全生产工作的烟大公司副总经理也纳入了刑事追责的范围。除此之外，烟大公司的安全生产工作的第一负责人即公司的总经理于传龙，对安全隐患的实际监管权相对于前两者来说较弱，但是鉴于危害结果的严重性，对其进行刑事归责也是正当的。从法理角度分析，烟大公司的安全生产的第一负责人与烟大公司分管安全生产工作的总经理对事故的发生具有管理层面的过失，烟大公司海监室安全监督员范世会对事故的发生具有监督层面的过失。

鉴于刑法的谦抑性，在航运安全监管过失案件中，承担刑事责任的主体范围不宜过大，当行为人的过失行为与危害结果之间的距离较远，即行为人对引发事故的安全隐患的实际监管权较弱时，只能让行为人承担相应的行政责任。并且，在实践中，危害结果越大，行政责任的追诉层级就越高。例如在"大舜"号事故中，烟大公司海监室主持日常工作的副主任张绍坤，烟大公司生产经营部经理王云文，烟大公司党委书记兼副总经理刘宝敏，山东航运集团公司总经理、党委书记兼烟大公司董事长王兴业，山东航运集团公司分管安全生产工作的副总经理于新建等人都承担了相应的行政责任。

综上所述，在航运安全监管过失案件中，一方面，刑事责任与行政责任的界分不能单纯依靠法条的规定，而应当本着刑法谦抑性的原则结合因果关系的理论进行认定，在合理划分因果链条的基础上对刑事责任主体进行认定，牢牢把控刑事归责主体的范围。具体而言，虽然航运安全监管过失案件中的危害结果达到了刑法入罪标准，相关责任人也可能只承担行政责任而不承担刑事责任。这是由于，在航运安全监管过失行为人对危险源的监管地位并不强时，即使危害结果达到了刑事追诉标准，但由于刑法上的因果关系并不成立，就不能追究航运安全监管过失行为人的刑事责任，而只能考虑追究该行为人的行政责任。另一方面，在达到刑法构成要件危害结果的航运安全监管过失案件中，当监管过失行为人对引发事故的安全隐患的实际监管权较强，即监管过失行为与危害结果之间的关系紧密，成立刑法上的因果关系时，就应当依据监管过失的相关法理，依照航运安全有关的罪名追究其刑事责任，以充分发挥刑法的惩治与预防功能，从而达到维护水上人身和财产安全法益的目的。

（三）航运安监失职刑事责任、行政责任与党员责任的适用方法

在实践中，要正确对航运安监失职人员的刑事责任、行政责任以及党员纪律责任进行适用，就要坚持刑法谦抑性原则，谨慎划定刑事责任的适用范围，同时也应当明确行政责任与党员责任的适用原则与条件，以妥善追究航运安全监管失职人员的责任。

1. 刑事责任、行政责任与党员纪律责任可同时适用

在航运安全监管过失案件中，在安监人员的行为构成犯罪的情况下，刑事责任、公务员纪律责任、党员纪律责任可以同时适用。在安监人员的监管过失行为未构成犯罪的情况下，刑事责任不可适用，但是公务员纪律责任和党员纪律责任可以同时适用。

首先，安监人员可同时承担刑事责任与党员纪律责任。《中国共产党纪律处分条例》第33条第1款规定："党员依法受到刑事责任追究的，党组织应当根据司法机关的生效判决、裁定、决定及其认定的事实、性质和情节，依照本条例规定给予党纪处分，是公职人员的由检察机关给予相应政务处分。"由以上规定可知，刑事责任与党员纪律责任并不互相排斥。在刑事诉讼程序完结之后，党组织根据司法机关的生效判决、裁定、决定及其认定的事实、性质和情节，追究党员的党员纪律责任。另外，依据《中国共产党纪律处分条例》第31条规定："党员犯罪情节轻微，人民检察院依法作出不起诉决定的，或者人民法院依法作出有罪判决并免予刑事处罚的，应当给予撤销党内职务，留党察看或者开除党籍

处分。党员犯罪，被单处罚金的，依照前款规定处理。"同时，第 32 条规定："党员犯罪，有下列情形之一的，应当给予开除党籍处分：（一）因故意犯罪被依法判处刑法规定的主刑（含宣告缓刑）的；（二）被单处或者附加剥夺政治权利的；（三）因过失犯罪，被依法判处三年以上（不含三年）有期徒刑的。因过失犯罪被判处三年以下（含三年）有期徒刑或者被判处管制、拘役的，一般应当开除党籍。对于个别可以不开除党籍的，应当对照处分党员批准权限的规定，报请再上一级党组织批准。"

其次，安监人员可同时承担行政责任与党员纪律责任。《中国共产党纪律处分条例》第 33 条第 2 款规定："党员依法受到行政处罚、行政处分，应当追究党纪责任的，党组织可以根据生效的行政处罚、行政处分决定认定的事实、性质和情节，经核实后依照本条例规定给予党纪处分或者组织处理。"由上述规定可知，行政责任与党员纪律责任也不互相排斥。党组织可以依据行政处分认定的事实、性质和情节对安监人员进行党员纪律处分。

最后，安监人员可同时承担刑事责任与行政责任。《行政机关公务员处分条例》第 17 条第 2 款规定："行政机关公务员依法被判处刑罚的，给予开除处分。为了避免涉嫌犯罪的公务人员逃避刑法制裁，行政机关在发现公务员具有涉嫌犯罪的行为之后，应当及时移送到司法机关。"由此可知，如果行政机关的公务员被依法判处刑罚，那么就应当给予该公务员开除的行政处分。

2. 追究刑事责任时，要严格遵守刑法"罪责自负"原则

刑法作为保障法，具有运用国家强制力保障各部门法顺利实施的作用。在刑法的适用过程中，要保持刑法的谦抑性原则，否则，过分扩大犯罪圈，将会对他人行为进行不当干预从而侵犯人权。为了防止刑法用之不当，现代刑法学者提出了罪责自负原则。罪责自负，意味着国家在进行刑事责任归属，进而作出刑罚处罚时，不能将他人应负的责任归咎于特定的个人，同时，也不能将犯罪人应承担的刑事责任转嫁给第三人。[1]日本刑法学家曾根威彦也指出："（刑事责任）只能就行为人个人

---

[1] 郑延谱：《罪责自负原则——历史演进、理论根基与刑法贯彻》，载《北京师范大学学报》（社会科学版）2014 年第 4 期，第 99 页。

自己所实施的行为而承担，不能以行为人属于一定团体为由而让他对他人的犯罪承担责任，这就是所谓个人责任。"[1]所以，航运安全监管人员承担刑事责任的前提一定是行为人自己违反安全监管职责的行为引发了刑法构成要件的危害结果，而不会因为他人的监督管理过失行为而承担刑事连带责任。

3. 领导责任可成为行政责任或党员责任的适用前提

在本书中，刑事责任是在法律后果的意义上被提及的，与之相对应，行政法律责任是行政法律后果，党员纪律责任是党内处分后果。但是，本书所提及的领导责任并不具有"后果"的意义。领导责任本身是对领导权力的一种对应性的约束，有权必有责，有权须有责，享受多大的权力就应承担多大的责任，我们将领导权利和领导责任这种对应性的结构关系称为"责任性权利"。[2]领导责任，实际上是一种连带责任，没有督促下属尽到应尽之义务，是对其行政上负有领导责任追究的依据。[3]行为人受到行政处分责任或者党员纪律责任，不仅可能是因为其自身具有违反纪律的行为，也有可能因为其具有对下属监管不力的领导责任，而需要承担行政法律责任或党员纪律责任。换言之，承担行政法律责任或者党员纪律责任的前提，可能是由于行为人对事故的发生具有领导责任。在航运安全监管过失犯罪领域，无论是具有公务员身份的政府部门的领导，还是航运企业具有安全监管职责的领导，他们虽然不对危险源具有直接的控制地位，但都可能由于没有督促下属尽到应尽义务，而导致其对事故的发生具有领导责任。但是应当注意的，领导责任并不是严格责任，无论是党政机关的领导者还是企业的领导者，其承担领导责任的前提是具有相应的职权，要遵循"职权与责任相容"原则。例如，航运企业内部安监部门的负责人，航运企业负责安全生产工作的副总经理等，这些主体都可能对航运安全生产事故负有领导责任，但是分管财务或者市场等方面的副总经理就无须对事故承担领导责任。

---

[1] [日]曾根威彦：《刑法学基础》，黎宏译，法律出版社2005年版，第38—39页。
[2] 马正立：《领导权力与领导责任析》，载《重庆社会科学》2017年第5期，第19页。
[3] 李腾：《安全生产中玩忽职守罪因果关系认定思路研究》，载《河南司法警官职业学院学报》2016年第4期，第47页。

三、航运安全监管过失刑事责任追诉的价值取向

随着科学技术的不断发展，人类预知水上自然风险的能力逐渐增强，单纯由自然因素导致的水上交通事故几乎不存在，事故发生的背后总隐藏着人的不安全行为。人的不安全行为不仅包含直接从事水上生产作业行为人的违反法律法规的行为，对航运安全具有监督管理职权的主体不履行或者不充分履行航运安全监督管理职责，也是导致水上交通事故发生的重要原因。然而，我们都没有对危害水上安全的监管过失涉罪行为产生足够的重视。刑事司法在航运领域的薄弱助长了船舶交通事故的发生，给海上交通秩序和海洋环境造成严重的危害。[1] 只有妥当追究航运安全监管过失涉罪行为人的刑事责任才能达到保障水上人身和财产安全，规范市场经营主体和行政执法主体行为的目的，从而可以为国家"海洋强国"战略、"一带一路"重大倡议等涉水的国家性计划与政策的实施提供法治保障。

（一）保障水上人身财产安全的必然要求

水域环境特殊，加之船舶运载量大，一旦发生水上交通事故，极易产生多人落水失踪或者死亡，财产遭受重大损失的严重后果。水上安全是公共安全的一部分，保障水上人身和财产安全意义重大。然而，我国刑法对水上人身和财产安全的保护并不充分。我国刑法条文有规制危害航空安全的重大飞行事故罪，有规制危害铁路运营安全的铁路运营安全事故罪，有规制道路运输安全的交通肇事罪，却没有专门规制危害航运安全的罪名。虽然我国刑法理论和司法实践都认为交通肇事罪不仅适用于车辆交通肇事，水上船舶肇事也应适用交通肇事罪来规制。然而，无论是《刑法》第133条交通肇事罪，还是与该条款配套使用的《最高人民法院关于审理交通肇事刑事案件具体应用法律若干问题的解释》都没有将水上特殊情况考虑在内。例如，水上交通肇事除了会造成人员伤亡

---

[1] 赵微：《赋予海事法院刑事审判权之正当性分析》，载《法治研究》2015年第1期，第34页。

和财产损失的危害后果,还会造成人员失踪,而交通肇事罪并没有将人员失踪作为法定的构成要件危害结果。

现阶段,刑事法律在航运领域的薄弱同样体现在对航运安全监管过失涉罪行为人的规制上。具有航运安全监管职责的主体是把控水上生命和财产安全的重要因素,只要这些主体妥当履行航运安全监管职责,水上交通事故就具有极大的避免可能性。这不仅要求具有航运安全监管职责的主体妥当地履行监管职责,并且在其不履行或者不充分履行监管职责而导致水上交通事故发生的场合,就要追究监管不力行为人包括刑事责任在内的法律责任。刑事法律具有最严厉的强制性,追究造成刑法构成要件危害结果的航运安全监管过失行为人的刑事责任,是维护水上人身和财产安全的重要保证。

(二) 规范市场经营主体和行政执法主体行为的重要手段

现代社会是分工精细化的社会,也是高度风险化的社会。在市场为主体的社会主义市场经济秩序下,各个经济社会的参与者都应当在保证安全的前提下从事生产经营活动。同时,在政企分开等现代经济社会基本原则的指导下,政府等相关部门不能对生产经营主体的日常经营活动进行过度干涉,但是应当充分对生产经营主体的活动进行监督管理,为人民群众提供安全保障。基于此,作为生产经营主体,对船舶安全具有监督管理职责的船舶经营单位和船舶实际控制人应当承担主体责任,对生产安全承担全面的责任;而作为安全的最后一道防线,具有航运安全监管职责的海事等行政执法部门也应当切实履行职责,不得玩忽职守。这两道安全监管防线是保证水上人身和财产安全的必要保证,任何一道防线都不可或缺。而刑事立法的参与可以对具有航运安全监管职责的责任人起到教育的作用,以达到震慑和预防航运安全监管过失行为再次发生的社会功效。所以,为了强化市场主体和政府执法主体的监管过失责任,有必要追究航运安全监管过失涉罪行为人的刑事责任。

(三) 为国家性战略与政策的实施提供法治保障

21世纪以来,国家围绕海洋强国战略做出了建设21世纪海上丝绸之路、建设亚太地区海事司法中心等一系列重大举措。海洋强国战略的实施离不开水上贸易的参与，水上贸易的可持续发展离不开水上交通运输安全作为前提，而水上交通运输安全的实现离不开法治的保障。在海事法治建设方面，我们国家做出了巨大的努力。在推动海事法院三审合一制度的进程中，做出了赋予海事法院刑事审判权的重要尝试。2017年宁波海事法院审理了全国第一起交通肇事案件，海事法院的刑事审判权有望在全国海事法院内全部放开，这足以体现国家强化公权力管控水域的决心。然而，公权力管控水域的范围不应止步于水上交通肇事案件，不仅发生在水上的危害行为值得刑法关注，未发生在水上但是会对船舶安全具有重要影响的航运安全监管过失涉罪行为也应该进入国家公权力管控的范围之内，这样才能达到创建良好水域法治环境的目的。只有良好的航运法治环境作为保证，我国航运大国向航运强国的转变才是可实现的，一系列涉水计划与政策的实施才能获得根本保障。

第三章　航运安全监管过失刑事责任的立法透视

有学者指出,"危害公共安全罪"一章中所规定的有关企业事故、火灾事故、建设事故、交通事故、学校事故的犯罪以及"渎职罪"一章所规定的相关国家机关工作人员的玩忽职守的犯罪就是对监督、管理过失的规定。[1] 对此,笔者持赞同观点。虽然监督管理过失理论并非在我国诞生,但是我国的相关刑法条文及司法解释体现出了惩治监督管理过失犯罪的意旨。

通过相关司法解释的具体规定,就可以发现刑法分则第二章中部分罪名的犯罪主体可由具有监督管理地位的责任人构成。例如,《最高人民法院、最高人民检察院关于办理危害生产安全刑事案件适用法律若干问题的解释》第1条规定:"刑法第一百三十四条第一款规定的犯罪主体,包括对生产、作业负有组织、指挥或者管理职责的负责人、管理人员、实际控制人、投资人等人员,以及直接从事生产、作业的人员。"第2条规定:"刑法第一百三十四条第二款规定的犯罪主体,包括对生产、作业负有组织、指挥或者管理职责的负责人、管理人员、实际控制人、投资人等人员。"第3条规定:"刑法第一百三十五条规定的'直接负责的主管人员和其他直接责任人员',是指对安全生产设施或者安全生产条件不符合国家规定负有直接责任的生产经营单位负责人、管理人员、实际控制人、投资人,以及其他对安全生产设施或者安全生产条件负有管理、维护职责的人员。"第4条规定:"刑法第一百三十九条之一规定的'负有报告职责的人员',是指负有组织、指挥或者管理职责的负责人、管理

---

[1] 张凌:《中国刑法中的管理监督过失》,载《西原春夫先生古稀祝贺论文集》第2卷,成文堂1998年版,第115页以下。

人员、实际控制人、投资人,以及其他负有报告职责的人员。"根据《最高人民法院、最高人民检察院关于办理危害生产安全刑事案件适用法律若干问题的解释》的规定可以看出,重大责任事故罪、强令违章冒险作业罪、重大劳动安全事故罪、不报、谎报安全事故罪的犯罪主体都可由具有监督管理地位的责任人构成。另外,《最高人民法院关于审理交通肇事刑事案件具体应用法律若干问题的解释》第 7 条规定:"单位主管人员、机动车辆所有人或者机动车辆承包人指使、强令他人违章驾驶造成重大交通事故,具有本解释第二条规定情形之一的,以交通肇事罪定罪处罚。"可见,交通肇事罪的犯罪主体也可以包括具有监督管理职责的主体。

玩忽职守罪的客观方面表现为国家机关工作人员玩忽职守,而引发刑法构成要件危害后果。如果具有监督管理职责的国家机关工作人员怠于履行监督管理职责,而引发危害结果的,也可构成玩忽职守罪。然而,具有监督管理职责的国家机关工作人员监管失职的行为与危害结果之间具有间接的因果关系,中间通常介入了第三方因素。为了解决此种具有间接因果关系的玩忽职守案件的归责问题,最高人民检察院在 2012 年 11 月 15 日发布的《关于印发第二批指导性案例的通知》的杨某玩忽职守案的要旨中表明:"如果负有监管职责的国家机关工作人员没有认真履行其监管职责,从而未能有效防止危害结果发生,那么,这些对危害结果具有'原因力'的渎职行为,应认定与危害结果之间具有刑法意义上的因果关系。"质言之,具有监督管理职责的国家机关工作人员怠于履行监管职责而间接引发刑法构成要件危害后果的场合,可以追究该国家机关工作人员玩忽职守罪的刑事责任。

我国刑法分则第二章与刑法分则第九章中与监督管理过失犯罪相关的罪名给笔者研究航运安全监管过失犯罪提供了立法资源。本章将以陆上安监人员与船上安监人员为分类依据,对具有航运安全监管职责的各个主体的监管过失行为所涉罪名进行逐一分析,以为司法实践中航运安全监管过失犯罪罪名的适用提供参考建议。

第一节 陆上安监人员监管过失刑事责任立法透视

对船舶安全具有监督管理地位的船舶经营单位的相关责任人或者船

舶的实际控制人如果违反航运安全监管职责，引发刑法构成要件危害后果的，可能涉嫌构成的罪名分别是交通肇事罪、重大责任事故罪、强令违章冒险作业罪、重大劳动安全事故罪。海事等行政执法人员违反航运安全监管职责，而引发刑法构成要件危害后果的，涉嫌构成玩忽职守罪。

一、船舶实际控制人涉嫌的犯罪

船舶实际控制人违反航运安全监管职责，而间接导致水上交通事故发生的，船舶实际控制人并不构成交通肇事罪，而涉嫌构成重大责任事故罪。另外，船舶实际控制人若存在强令船员违章冒险作业的监管失职行为，而引发刑法构成要件危害后果的，则涉嫌构成强令违章冒险作业罪。

（一）是否构成交通肇事罪的分析

《刑法》第 133 条规定："违反交通运输管理法规，因而发生重大事故，致人重伤、死亡或者使公私财产遭受重大损失的，处三年以下有期徒刑或者拘役；交通运输肇事后逃逸或者有其他特别恶劣情节的，处三年以上七年以下有期徒刑；因逃逸致人死亡的，处七年以上有期徒刑。"尽管我国交通肇事罪的立法条文及《最高人民法院关于审理交通肇事刑事案件具体应用法律若干问题的解释》（以下简称《解释》）没有直接表明具有车辆安全监管职责的主体可以成为交通肇事罪的刑事责任主体，但该《解释》第 1 条规定："从事交通运输人员或者非交通运输人员，违反交通运输管理法规发生重大交通事故，在分清事故责任的基础上，对于构成犯罪的，依照刑法第一百三十三条的规定定罪处罚。"这表明交通肇事罪既可以由从事交通运输的人员构成，也可以由非交通运输人员构成。在 21 世纪初，我国就有对肇事船舶的所有人监管不力的涉罪行为以交通肇事罪定罪处罚的司法实践：2000 年 6 月 22 日，周守金、梁如兵驾驶被告人梁应金所有的"榕建"号客船航行，客船行至流水岩处时河面起大雾，能见度不良，周守金仍冒雾继续航行，河雾越来越大，周守金迷失了方向，急忙叫梁如兵到驾驶室操舵，自己则离开驾驶室到船头观察水势，因指挥操作不当，梁如兵错开"鸳鸯"车，致使客船随即倾覆于江中，造成130人溺水死亡，公私财物遭受重大损失。一审以交通肇事罪判处被告人梁应金交通肇事罪，有期徒刑7年。一审宣判后，各被告人均未上诉，判决已发生法律效力。[1]

"榕建"号船舶所有人，即被告人梁应金并没有直接从事"榕建"号的运输工作，在此情形下，能否以交通肇事罪追究被告人梁应金的刑事责任？四川省合江县法院对此作出了肯定的判断。鉴于该案被最高人民法院收录到《刑事审判参考》中，可以看出，最高人民法院认同了船舶实际控制人未尽监督管理职责而导致交通事故，从而引发重大伤亡结果的，可以交通肇事罪定罪处罚的观点。但是，笔者认为，对船舶实际控制人监管过失涉罪行为以交通肇事罪定罪处罚违反了罪刑法定原则。《刑事审判参考》指出："参照《最高人民法院关于审理交通肇事刑事案件具体应用法律若干问题的解释》第七条'单位主管人员、机动车辆所有人或者机动车辆承包人指使、强令他人违章驾驶造成重大交通事故'，以交通肇事罪定罪处罚的规定，被告人梁应金的行为，完全符合交通肇事罪的构成要件，应当以交通肇事罪追究其刑事责任。"[2]但是，《解释》第7条指的是具有领导职责的相关人员指使、强令车辆驾驶人员违章驾驶车辆而引发刑法构成要件危害后果的，应以交通肇事罪论处。而在本案中，被告人梁应金的客观方面的行为表现为不履行安全管理职责，致使船舶在不适航的状态下从事水上运输工作，这与《解释》第7条规定的"指使、强令驾驶人员违章驾驶"的行为表现形式不相同。进一步而言，船舶所有人梁应金犯罪的客观方面表现为疏于履行对船舶的安全监管义务，行为方式表现为不作为，而"指使、强令驾驶人员违章驾驶"的行为方式为作为。在行为表现形式存在根本不同的情况下，对《解释》第7条进行盲目参照，而得出的审判结论并不具有合理性。除此之外，《解释》在制定之初就没有考虑到水上交通肇事的情形，在这样的制定背景下，《解释》第7条设定的犯罪主体只有单位主管人员、机动车辆所有人或者

---

[1] 参见中华人民共和国最高人民法院刑事审判第一庭、第二庭：《刑事审判参考（2001年第2辑）》，法律出版社2001年版，第3页。

[2] 中华人民共和国最高人民法院刑事审判第一庭、第二庭：《刑事审判参考（2001年第2辑）》，法律出版社2001年版，第6页。

机动车辆承包人三种。因此，参照《解释》第7条的规定而对"榕建"号船舶所有人以交通肇事罪定罪处罚有违刑法罪刑法定原则之嫌。

实际上，交通肇事罪的罪状表述为"违反交通运输管理法规，因而发生重大事故，致人重伤、死亡或者使公私财产遭受重大损失的"，所以，违反交通运输管理法规是判断行为人构成交通肇事罪的必要前提。这里的交通运输管理法规并不是指对相关交通运输规则进行规定的法律法规，而是指法律法规之中与交通运输规则有关的具体条款，应当将交通肇事罪罪状中所述的"交通运输管理法规"作狭义的理解。以《中华人民共和国内河交通安全管理条例》为例，该条例中的规范并不全部涉及交通运输规则。既有关于交通航行规则的规定，例如，第17条规定："船舶在内河航行时，应当谨慎驾驶，保障安全；对来船动态不明、声号不统一或者遇有紧迫情况时，应当减速、停车或者倒车，防止碰撞。船舶相遇，各方应当注意避让。按照船舶航行规则应当让路的船舶，必须主动避让被让路船舶；被让路船舶应当注意让路船舶的行动，并适时采取措施，协助避让。船舶避让时，各方避让意图经统一后，任何一方不得擅自改变避让行动。船舶航行、避让和信号显示的具体规则，由国务院交通主管部门制定。"另外，也有安全管理的相关规定，例如，第10条规定："船舶、浮动设施的所有人或者经营人，应当加强对船舶、浮动设施的安全管理，建立、健全相应的交通安全管理制度，并对船舶、浮动设施的交通安全负责；不得聘用无适任证书或者其他适任证件的人员担任船员；不得指使、强令船员违章操作。"

若船舶经营者违反交通航行规则而导致发生刑法构成要件危害后果的，涉嫌构成交通肇事罪；而若船舶经营者违反对船舶的安全监管义务而导致发生刑法构成要件危害后果的，实际上满足的是"在生产、作业中违反有关安全管理的规定，因而发生重大伤亡事故或者造成其他严重后果的"的重大责任事故罪或者"安全生产设施或者安全生产条件不符合国家规定，因而发生重大伤亡事故或者造成其他严重后果"的重大劳动安全事故罪的客观构成要件。在"榕建"号船舶翻沉案中，被告人梁应金的行为实际上违反的是上述《中华人民共和国内河交通安全管理条例》第10条有关安全管理的规定，梁应金的犯罪行为实际上符合重大责任事故罪的客观构成要件，因此，本书认为应当以重大责任事故罪对被告人梁应金定罪处罚。

综上所述，船舶实际控制人违反船舶安全监管职责，虽然表面上船舶实际控制人违反的是水上交通运输法律法规，但是具体违反的则是关于交通安全管理的相关条款，所以在船舶实际控制人安全监管过失涉罪的场合，其并不构成交通肇事罪，而涉嫌构成重大责任事故罪。

（二）构成重大责任事故罪的情形

《刑法》第134条第1款规定："在生产、作业中违反有关安全管理的规定，因而发生重大伤亡事故或者造成其他严重后果的，处三年以下有期徒刑或者拘役；情节特别恶劣的，处三年以上七年以下有期徒刑。"另外，2015年12月16日施行的《最高人民法院、最高人民检察院关于办理危害生产安全刑事案件适用法律若干问题的解释》第1条直接指出："重大责任事故罪规定的犯罪主体，包括对生产、作业负有组织、指挥或者管理职责的负责人、管理人员、实际控制人、投资人等人员，以及直接从事生产、作业的人员。"可见，重大责任事故罪的犯罪主体不仅包括直接从事生产作业的工作人员，也包含对生产作业安全负有监督管理职责的人员。当考虑追究对生产作业负有组织、指挥或者管理职责的负责人、管理人、实际控制人、投资人的刑事责任时，涉及的就是监督管理过失问题。船舶实际控制人对其经营管理的船舶具有安全监管义务，当船舶实际控制人违反船舶安全管理的规定，因而发生重大伤亡事故或者造成其他严重后果的，涉嫌构成重大责任事故罪。重大责任事故罪是过失犯罪，所有的过失犯罪都是结果犯，所以，只有当船舶实际控制人违反安全生产管理规定的行为，造成了重大伤亡事故或者造成其他严重后果，才可以重大责任事故罪追究船舶实际控制人监管不力的刑事责任。在水上交通运输领域，危害结果的发生并不是由船舶实际控制人监管不力的行为直接导致的，而根据导致危害结果发生的直接原因不同，即在客观层面上导致危害结果发生的导火索不同进行分析，可以将船舶实际控制人以重大责任事故罪定罪处罚的案件主要有以下三类。

1. 由自然原因直接引发的水上交通事故案件

风浪等自然因素会对在水上从事生产运输工作的船舶产生重要影响。

如果船舶抵御自然风险的能力欠缺，就会为航运安全埋下巨大隐患。例如，由于内河船舶构造未达到海上生产作业的要求，当内河船舶违规到海上从事运输或者其他生产作业极易引发水上交通事故。鉴于此，船舶实际控制人必须妥善经营船舶，充分履行对船舶的安全监管义务，在船舶出航前，保证达到船舶适航、船员适任的安全状态。如果由于船舶实际控制人疏于履行船舶的安全监管义务，而使船舶在不适航状态下从事水上运输或者其他生产作业，致使船舶在风浪等水上气候条件面前，欠缺抵御风险的能力，进而导致重大伤亡事故或者造成其他严重后果的，那么船舶实际控制人就涉嫌构成重大责任事故罪。例如，2012 年 11 月 27 日，"先锋 118"轮载运约 5800 吨海砂自葫芦岛驶往天津途中，在绥中海域距岸 1.2 海里处沉没。船上人员 5 名，4 人获救，1 人失踪。经调查，导致事故发生的直接原因在于"先锋 118"轮在航行途中遭遇大风浪恶劣天气，甲板持续上浪，货舱大量进水且排水不畅，从而造成船舶失去储备浮力。而陶光辉作为该轮的实际控制人，非法经营管理船舶，且为船舶配备不适任船员，并且该轮的 2 个货舱均未配有风雨密舱盖板或等同风雨密设备，船舶并不适航。[1]结合重大责任事故罪的入罪标准，陶光辉的行为已涉嫌构成重大责任事故罪。

2. 由船舶驾驶人员直接引发的水上交通事故案件

船舶驾驶人员是参与水上交通运输的直接行为人，船舶驾驶人员在内河航行时，必须遵守《中华人民共和国内河避碰规则》《中华人民共和国内河交通安全管理条例》中有关的航行规则；在海上航行时，必须遵守《海上国际避碰规则》以实现谨慎驾驶，确保航行安全。而由于船舶驾驶人员违反水上交通运输规则进而引发水上交通事故，那么船舶驾驶人员可能涉嫌构成交通肇事罪。但是在由船舶驾驶人员直接引发的水上交通事故的案件中，应当进一步关注船舶实际控制人是否存在疏于对船舶履行安全监管义务的行为，并结合事故产生的危害后果衡量船舶实际控制人是否应当承担重大责任事故罪的刑事责任。在许多水上交通肇事案件中，船舶驾驶人员违反交通运输规则的行为只是直接引发危害后果

---

[1] 参见《辽宁海事局关于葫芦岛 "11·27" "先锋 118" 轮沉没事故的结案报告》。

的导火索,而事故发生的背后,船舶实际控制人监管不力的行为已涉嫌构成重大责任事故罪。例如,2013年10月27日,"寿海188"轮装载约2000吨石子由秦皇岛市昌黎大蒲河渔港码头驶往黄骅途中,在京唐港西南海域与"冀滦渔03840"轮发生碰撞,事故导致"冀滦渔03840"轮倾覆,并致使1人死亡,5人失踪。经调查,导致事故发生的直接原因是"寿海188"轮驾驶员不能熟练使用雷达、卫导等助航设施,未保持正规瞭望,以至于未能及时发现和正确判断"冀滦渔03840"轮动态,因此未能提前采取大幅度的避让行动。另外,张舰是"寿海188"轮实际控制人,主要负责该轮日常经营管理,包括人员雇用、货物运输、联系买家等相关事项。[1]在该案中,张舰作为该船舶实际经营者和控制人,对船舶的安全生产负有监管责任,但其未能为船舶提供适任驾驶员,已涉嫌构成重大责任事故罪。

3. 由从事生产的操作人员直接引发的水上交通事故案件

除了上述两种情形,船舶实际控制人涉嫌构成重大责任事故罪的情形也在从事生产的操作人员直接引发的水上交通事故的案件中存在。与船舶驾驶人员一样,在水上从事生产作业的操作人员也是参与水上生产运输作业的直接行为人。如果操作者在水上生产作业过程中未遵守安全生产的相关规定,极易引发水上交通事故。在此基础上,如果对船舶的生产安全承担监督管理职责的船舶实际控制人未能充分履行安全监管义务,存在利用内河船舶从事海上生产作业,或者雇用无资质的船员进行生产作业,以及其他违反安全生产管理规则行为,而最后导致重大伤亡后果或者造成其他严重后果的,那么船舶实际控制人涉嫌构成重大责任事故罪。例如,2012年6月22日,运砂船"国贸08"与采砂船"粤东莞吹0188"轮在装砂作业过程中发生"国贸08"轮翻沉事故,造成"国贸08"轮船上船员5人死亡,4人失踪。此次事故发生的直接原因是,梁某某在操作沙漏机向"国贸08"轮装砂过程中,违反相关安全生产的管理规定,在"国贸08"轮向左倾斜的情况下,继续向其左侧舱室装沙,导致该船翻沉。终审法院以重大责任事故罪判处梁某某有期徒刑3年,

---

[1] 参见《唐山"10·27""寿海188"轮与"冀滦渔03840"轮碰撞事故调查报告》。

缓刑 3 年；另外，蒋某某作为内河采砂船"粤东莞吹 0188"轮的所有人，在明知船舶为内河船舶，不能进行海上作业的情况下，仍聘用未持有适任证书及不具有专业技能的梁某某等人到绥中海域操作船舶并进行采砂、装沙生产作业。法院认定被告人蒋某某犯重大责任事故罪，判处有期徒刑 4 年。[1] 在本案中，是由于直接操作人员梁某某的违规操作行为直接导致的水上交通事故，但是对"粤东莞吹 0188"轮具有安全监管职责的蒋某某使用内河船舶进行海上作业，并雇用了无资质的船员，这些行为为事故的发生埋下了巨大隐患，在客观层面上间接导致了重大伤亡结果，满足了重大责任事故罪的入罪标准，就应当对蒋某某以重大责任事故罪定罪处罚。

（三）构成强令违章冒险作业罪的情形

《刑法》第 134 条第 2 款规定："强令他人违章冒险作业……因而发生重大伤亡事故或者造成其他严重后果的，处五年以下有期徒刑或者拘役；情节特别恶劣的，处五年以上有期徒刑。"现有的强令违章冒险作业罪是由《刑法修正案（六）》增设的罪名。《刑法修正案（六）》将"强令工人违章冒险作业"的罪状独立出来，单独设立了强令违章冒险作业罪，并提升了第一档量刑幅度内的最高法定刑，将 3 年有期徒刑提升为 5 年有期徒刑。[2] 这样立法的意图在于，增大对强令他人违章冒险作业而导致发生重大伤亡事故行为的惩罚力度。

"强令他人违章冒险作业"，是指负责管理施工、作业等工作的管理人员，明知自己的决定违反安全作业的规章制度，可能会发生安全事故，却怀有侥幸心理，自认不会出事，而强行命令他人违章作业的行为。[3] 存在"强令他人违章冒险作业的行为"是构成强令违章冒险作业罪的核心

---

[1] 参见（2014）绥刑初字第 129 号刑事判决；（2014）葫刑终字第 00104 号。
[2] 《刑法》原第 134 条表述为："工厂、矿山、林场、建筑企业或者其他企业、事业单位的职工，由于不服管理、违反规章制度，或者强令工人违章冒险作业，因而发生重大伤亡事故或者造成其他严重后果的，处三年以下有期徒刑或者拘役；情节特别恶劣的，处三年以上七年以下有期徒刑。"
[3] 黄太云：《立法解读：刑法修正案及刑法立法解释》，人民法院出版社 2006 年版，第 105—106 页。

要求。《最高人民法院、最高人民检察院关于办理危害生产安全刑事案件适用法律若干问题的解释》第 5 条对"强令他人违章冒险作业"的行为进行了界定，即"明知存在事故隐患、继续作业存在危险，仍然违反有关安全管理的规定，实施下列行为之一的，应当认定为刑法第一百三十四条第二款规定的'强令他人违章冒险作业'：（一）利用组织、指挥、管理职权，强制他人违章作业的；（二）采取威逼、胁迫、恐吓等手段，强制他人违章作业的；（三）故意掩盖事故隐患，组织他人违章作业的；（四）其他强令他人违章作业的行为。""强令"主要是指强令者发出的指令内容，他人必须或者应当执行，并产生了使他人违心违章冒险作业的危害后果行为。[1]"强令"不能机械地理解为他人反对、反抗后而强迫他人必须执行，强令者也不一定必须在作业现场。判断是否构成"强令"的关键在于是否使他人违心地进行了冒险作业活动。所以，强令违章冒险作业罪的客观方面表现为，负责管理施工、作业等工作的管理人员，已经预见到危害结果的发生，但是轻信能够避免，而违反生产作业的规章制度，强令他人违心地进行违章冒险作业，从而引发重大伤亡事故或者造成其他严重后果的行为。

由此可见，强令违章冒险作业罪的前提首先是存在可能导致事故发生的现实风险，并在此基础上，存在强令他人进行违章冒险作业的行为。同理，在水上交通运输领域，船舶实际控制人构成强令违章冒险作业罪的前提，一方面是存在可能导致水上交通事故发生的现实风险，另一方面是在客观上存在"强令"的行为。

当气候水文条件不符合从事运输或者进行其他水上生产作业活动时，如果船舶实际控制人强令他人违章冒险作业，而导致发生重大伤亡事故，或者造成其他严重后果的，"发号施令"的船舶实际控制人则涉嫌构成强令违章冒险作业罪。除水上气候条件不适航可以成为强令违章冒险作业罪所要求具有的现实风险以外，船舶的设备不完善或者船员不适任，都能成为引发水上交通事故的现实风险。例如，船舶实际控制人使用未经

---

[1] 黄太云：《立法解读：刑法修正案及刑法立法解释》，人民法院出版社 2006 年版，第 105—106 页。

过审批的三无船舶[1]从事水上生产运输作业,或者使用内河船舶从事海上运输生产作业都会为水上交通事故的发生埋下巨大隐患。

应当注意的是,如果船舶实际控制人雇用船员的目的就是使其在三无船舶上从事生产作业活动,或者让其使用内河船舶从事海上运输作业活动,对此受雇船员是明知的,那么,就应当认为船舶实际控制人的行为已经得到了船员的默许,船员并不是在违心的状态下工作。所以,在此种情形下,一旦发生了重大伤亡事故,船舶实际控制人并不能构成强令违章冒险作业罪。但是应当注意的是,船长雇用船员在三无船上从事生产作业活动,或者让其使用内河船舶从事海上运输作业活动的行为,虽然得到了船员的默许,但是一旦发生了水上交通事故,产生了刑法构成要件的危害结果,也不能免除行为人的刑事责任。质言之,船员的默许只是阻却行为人构成强令违章冒险作业罪的客观事实,而不能基于被害人承诺理论排除行为人的犯罪事实。被害人承诺,就是被害人请求或者同意行为人侵害自己的法益,行为人不再承担刑事责任。被害人承诺与正当防卫、紧急避险一样,都是违法性阻却事由,都是排除犯罪成立的法定理由。一方面,被害人承诺损害的法益具有一定的范围,只能是自身的法益而不能是国家的或者集体的法益;另一方面,被害人即使承诺损害的是自身的法益,也只限于轻伤害。重大责任事故罪与重大劳动安全事故罪侵害的是公共安全法益,而被害人承诺损害公共安全法益的承诺是无效的,所以船长雇用船员在三无船上从事生产作业活动,或者让其使用内河船舶从事海上运输作业活动的行为,虽然得到了船员的默许,但在发生刑法构成要件的危害后果的情况下,不影响行为人构成重大责任事故罪或者重大劳动安全事故罪。

实际上,在司法实践中,在同一个案件中往往同时具有强令他人违章冒险作业的行为与违反安全生产的相关规定的行为。例如,2014年12月18日,被告人李胜新明知存在事故隐患,继续作业有危险,仍违反有关安全管理规定,强令他人违章作业,导致发生了5人死亡、9人受伤的重大伤亡事故。一审法院认定被告人李胜新犯强令违章冒险作业罪,判

---

[1] 所谓三无船舶,是指无船名船号、无船籍港、无船舶证书的非法运输船舶。

处有期徒刑 2 年 6 个月。李胜新不服提出上诉，二审法院裁定驳回上诉，维持原判。[1]"违反有关安全管理的规定"是重大责任事故罪的客观方面的表现形式，"强令他人违章作业"是强令违章冒险作业罪的客观方面表现形式。在上述案例中，我们看到了重大责任事故罪与强令违章冒险作业罪的客观方面的行为表现同时存在。可以说，"强令他人违章冒险作业"就意味着行为人具有"违反安全生产管理规定"的行为。实际上，即使《刑法修正案（六）》将"强令工人违章冒险作业"的行为从重大责任事故罪中独立出来，单独成罪，但也无法改变实践中"违反安全生产管理规定"与"强令他人违章冒险作业"的行为同时出现的事实。正如学者所言，将"强令他人违章冒险作业"作为重大责任事故罪的法定从重情节而不是设立一个单独罪名更具有合理性。[2]但是，司法工作只能对立法条文参照奉行，在现行刑法规范下，只要行为人具有"强令他人违章冒险作业"的行为而导致重大伤亡事故或者造成其他严重后果的，就应当认定行为人构成强令违章冒险作业罪而非重大责任事故罪，这里应将强令违章冒险作业罪与重大责任事故罪看作特殊法与普通法的关系，强令违章冒险作业罪是特殊法，重大责任事故罪是普通法，当法条竞合时适用特殊法优先于普通法的原则。在水上交通运输领域也是一样，船舶实际控制人违反安全生产管理法规，强令他人违章冒险作业，而发生刑法构成要件危害后果的，应以强令违章冒险作业罪追究其刑事责任。

二、船舶经营单位监管过失涉嫌的犯罪

船舶经营单位的相关责任人员若未能充分履行对船舶的安全监管义务，致使船舶的安全生产设施或者安全生产条件不符合国家规定，因而发生刑法构成要件危害后果的，其涉嫌构成重大劳动安全事故罪。若船舶经营单位的相关责任人员强令船员冒险进行水上生产运输作业，而引发刑法构成要件危害后果的，其涉嫌构成强令违章冒险作业罪。

---

[1] 参见（2015）光刑初字第 146 号刑事判决；（2016）豫 15 刑终 81 号刑事裁定。
[2] 谢治东、郭竹梅：《关于重大责任事故罪若干问题之检讨——以〈刑法修正案（六）〉为视角》，载《法学杂志》2009 年第 6 期，第 82 页。

（一）构成重大劳动安全事故罪的情形

《刑法》第 135 条规定："安全生产设施或者安全生产条件不符合国家规定，因而发生重大伤亡事故或者造成其他严重后果的，对直接负责的主管人员和其他直接责任人员，处三年以下有期徒刑或者拘役；情节特别恶劣的，处三年以上七年以下有期徒刑。"在司法实践中，重大劳动安全事故罪与重大责任事故罪易发生混淆。实际上，两者进行区分的关键是犯罪主体。重大责任事故罪的犯罪主体是自然人，而重大劳动安全事故罪是单位犯罪罪名，刑事责任承担的主体是"直接负责的主管人员和其他直接责任人员"。2015 年 12 月 16 日施行的《最高人民法院、最高人民检察院关于办理危害生产安全刑事案件适用法律若干问题的解释》第 3 条重新确认了这一点。该条指出，重大劳动安全事故罪中的"直接负责的主管人员和其他直接责任人员"，是指对安全生产设施或者安全生产条件不符合国家规定负有直接责任的生产经营单位负责人、管理人员、实际控制人、投资人以及其他对安全生产设施或者安全生产条件负有管理、维护职责的人员。考虑到发生安全事故的单位应立即整改，使安全生产设施、安全生产条件达到国家规定，以及对安全事故伤亡人员进行治疗、赔偿，需要大量资金，所以该条在处罚上只追究"直接负责的主管人员和其他直接责任人员"的刑事责任。[1]

在水上交通运输领域，由于船舶不适航、船员不适任而导致水上交通事故的发生，如果船舶的实际营运与控制人是个人，那么该自然人主体涉嫌构成重大责任事故罪；如果航运企业或者其他船舶管理公司未能充分履行对船舶的安全监管义务，致使船舶的安全生产设施或者安全生产条件不符合国家规定，因而发生重大伤亡事故或者造成其他严重后果的，企业中直接负责的主管人员和其他直接责任人员涉嫌构成重大劳动安全事故罪。本书选取了下面三个具有代表性的案例对航运领域重大责任事故罪与重大劳动安全事故罪的适用进行说明。[2]

---

[1] 周道鸾、张军主编：《刑法罪名精释（上）》（第四版），人民法院出版社 2013 年版，第 159 页。

[2] 三个案例皆由笔者调研获得。

事故概况	事故原因	涉嫌重大责任事故罪的犯罪主体	涉嫌重大劳动安全事故罪的犯罪主体
2012 年 11 月 27 日，"先锋 118"轮载运约 5800 吨海砂自葫芦岛驶往天津途中，在绥中海域沉没。船上人员 5 名，4 人获救，1 人失踪	该轮 2 个货舱均未配有风雨密舱或等同风雨密设备，在航行途中遭遇大风浪恶劣天气，甲板持续上浪，货舱大量进水，船舶排水不畅。并且事发时，该船处于超载状态。船上 5 名船员均未持有船员适任证书	该轮的实际营运及安全管理由陶光辉负责。陶光辉在船舶不适航、船员不适任的情况下，一直逃避监管在渤海湾内非法从事砂石运输。陶光辉涉嫌构成重大责任事故罪	先锋船务有限公司是"先锋 118"轮的挂靠单位，在该轮船舶不适航、船员不适任、逃避监管等情况下，未对该轮进行有效管理。所以，先锋船务有限公司的相关责任人员涉嫌构成重大劳动安全事故罪
2013 年 10 月 27 日，"寿海 188"轮装载约 2000 吨石子由秦皇岛驶往黄骅途中，在京唐港西南海域与"冀滦渔 03840"轮发生碰撞，事故导致"冀滦渔 03840"轮倾覆，并致使 1 人死亡，5 人失踪	"寿海 188"轮驾驶员均未经过专业培训，未取得相应适任证书，不能熟练使用雷达、卫导等助航设施，未保持正规瞭望，以至于未能及时发现和正确判断"冀滦渔 03840"轮动态，因此未能提前采取大幅度的避让行动	张舰是"寿海 188"轮实际控制人，主要负责该轮日常经营管理，包括人员雇用、货物运输、联系买家等相关事项。张舰涉嫌构成重大责任事故罪	寿光祥龙航运有限公司没有承担对"寿海 188"轮的安全监督管理责任。对船舶安全状况、船员配备情况不闻不问。寿光祥龙航运有限公司相关责任人员涉嫌构成重大劳动安全事故罪
2014 年 10 月 9 日，内河干货船"苏连云港货 2959"轮从盖州驶往盘锦港过程中沉没。船上 11 人，9 人获救，2 人失踪	该船为无舱盖内河船舶，遇到海上强风大浪无法阻止海水进入货舱。另外，该轮配员与该轮《船舶最低安全配员证书》的要求不相符，该轮船员不适任。当发现货舱上浪进水的危险局面后，该轮船员应急措施不当	船舶实际所有人孙久阳实际控制该船，为谋取非法利益，将内河船舶投入海上非法营运。在未持有船长适任证书情况下担任船长之职。孙某某涉嫌构成重大责任事故罪	连云港振航船务有限公司是该轮的登记船舶经营人，但其没有有效履行对"苏连云港货 2959"轮的安全管理责任，存在"挂而不管"的现象。连云港振航船务有限公司的相关责任人涉嫌构成重大劳动安全事故罪

（二）构成强令违章冒险作业罪的情形

如前所述，船舶经营单位的相关责任人构成强令违章冒险作业罪的前提，一方面是存在可能导致水上交通事故发生的现实风险，另一方面是客观上存在"强令"的行为。据悉，1999年发生的"大舜"号海难事故发生的前一天晚上6时许，大连气象台发出了海上大风警报，并表示会有7级阵风和大的局浪。所以第二天上午所有船员都认为不会开航了，船长甚至答应了部分船员晚上回家的请求，但公司有关领导几次到船上命令船舶准时开航，公司高层也亲自打电话命令船长开航。[1]如果烟大公司的相关领导没有强令船长在海上气候条件不符合要求的情况下开船，那么这场造成285人死亡的重大灾难也就从根本上避免了。

另外，在多数的强令违章冒险作业案件中，都可以发现重大劳动安全事故罪的身影。比如，2005年至2008年，被告人宋民刚明知矿井存在安全隐患，没有采取任何措施予以预防或消除，仍继续让工人下井生产。2010年3月19日，被告人宋民刚没有按照要求将矿井停业，让工人继续下井生产。2010年3月22日凌晨，矿井发生透水，6名工人被困，其中2人在7天后被救出，4人溺水死亡。法院认定宋民刚犯强令违章冒险作业罪，判处有期徒刑5年。[2]重大劳动安全事故罪的客观方面表现为"安全生产设施或者安全生产条件不符合国家规定，因而发生重大伤亡事故"。很明显，上述案件中，矿井存在安全隐患，并且没有采取安全措施予以预防或者消除，符合了重大劳动安全事故罪的客观方面构成要件。但是，导致损害结果发生的直接原因是被告人让工人下井作业的行为，由此，本案的行为人涉嫌构成的是强令违章冒险作业罪而不是重大劳动安全事故罪。

在水上运输领域也是一样，在船舶不适航的情况下，如果发生了重大伤亡事故，则应当考察船舶经营单位的相关责任人员是否有强令违章冒险作业的行为，如果有，则应以强令违章冒险作业罪定罪处罚，如果

---

[1] 参见马先山：《大舜号海难操纵因素探究》，载《天津航海》2007年第2期，第3页。
[2] 参见（2010）泌刑初字第105号刑事判决书。

没有则应将船舶经营单位的相关责任人员以重大劳动安全事故罪定罪处罚。例如，在运砂船"国贸08"轮与采砂船"粤东莞吹0188"在装砂作业过程中发生事故的案件中，"国贸08"轮翻沉，船上5人死亡，4人失踪。据调查，"国贸08"轮的船舶经营单位为安徽国茂海运有限公司，周玉冬为公司法人，对船舶安全生产负有直接的管理职责。而周玉冬在公司未取得水路运输许可，"国贸08"轮未经船舶登记、船舶检验和营运许可的情况下，雇用无适任证书的船员进行水上生产作业。法院以重大劳动安全事故罪判处周玉冬有期徒刑3年，缓刑5年。[1]该案例中，安徽国茂海运有限公司的法定代表人周玉冬并没有存在强令他人违章冒险作业的行为，因此周玉冬并不构成强令违章冒险作业罪，但是周玉冬所提供的进行水上生产作业船舶的安全生产设施与安全生产条件不符合国家规定，并由此引发了刑法构成要件危害结果，所以应当以重大劳动安全事故罪定罪处罚。而如果安徽国茂海运有限公司法人周玉冬在事故航次前，明知船舶航行条件不符合要求、安全生产设施和安全生产条件不符合标准，而强令他人违章冒险作业，那么其涉嫌构成强令违章冒险作业罪。

三、海事等行政执法人员监管过失涉嫌的犯罪

《刑法》第397条规定："国家机关工作人员滥用职权或者玩忽职守，致使公共财产、国家和人民利益遭受重大损失的，处三年以下有期徒刑或者拘役；情节特别严重的，处三年以上七年以下有期徒刑。本法另有规定的，依照规定。国家机关工作人员徇私舞弊，犯前款罪的，处五年以下有期徒刑或者拘役；情节特别严重的，处五年以上十年以下有期徒刑。本法另有规定的，依照规定。"具有国家机关工作人员身份的执法人员在履行航运安全监管职责的过程中，因玩忽职守导致发生重大水上交通事故或者造成其他严重后果的，涉嫌构成玩忽职守罪。在水上交通运输领域，可以构成玩忽职守罪的主体有两类，分别是海事行政执法工作人员以及其他对水上运输安全负有监管职责的政府工作人员。

---

[1] 参见（2014）绥刑初字第129号刑事判决书；（2014）葫刑终字第00104号刑事判决书。

（一）海事行政执法人员

根据 2003 年 1 月 13 日最高人民检察院法律政策研究室对辽宁省人民检察院提出的《关于辽宁海事局的工作人员是否为国家机关工作人员的主体认定请示》进行回复的具体内容，即《关于对海事局工作人员如何适用法律问题的答复》指出："海事局负责行使国家水上安全监督和防止船舶污染船舶及海上设施检验、航海保障的管理职权，是国家执法监督机构。海事局及其分支机构工作人员在从事上述公务活动中，滥用职权或者玩忽职守，致使公共财产、国家和人民利益遭受重大损失的，应当依照《刑法》第 397 条的规定，以滥用职权罪或者玩忽职守罪追究刑事责任。"由此，可以明确海事行政执法人员具有国家机关工作人员身份，可以成为玩忽职守罪的犯罪主体。在司法实践中，海事行政执法人员若未履行或者未充分履行水上交通安全监管职责，而导致发生刑法构成要件危害后果的，则应以玩忽职守罪追究其刑事责任。例如，2016 年 11 月 22 日，山东省寿光市人民法院认定山东潍坊海事处的刘某某与王某某在进行现场安全检查的活动中，因未充分履行对船舶安全的监督管理职责，致使 1 人死亡，5 人失踪，给国家和人民利益造成重大损失。法院以玩忽职守罪追究了两被告的刑事责任。[1]

（二）其他对水上交通运输安全具有监管职责的人员

除了海事部门的海事行政执法人员具有航运安全的监管职责外，其他政府部门的相关责任人员也可能具有航运安全监管职责。以渡运为例，渡运是水上交通运输的一种形式，在我国内陆地区比较常见，不少地区的渡运是当地人民群众日常生活或生产经营所不可或缺的交通运输方式。例如，四川省泸州市合江县的羊咀码头是泸州市最大的客渡码头，乘船的乘客大多来自县城对岸的乡镇，他们进出县城主要通过渡运的方式，因此对于这些乡镇群众而言，渡运是一项意义重大的民生工程。在沿海地区，渡运也是海岛人流、物流的重要生命线。例如，从舟山沈家门渔

---

[1] 参见（2016）鲁 0783 刑初 440 号；（2016）鲁 07 刑终 554 号。

港至海天佛国普陀山的渡线,是广大香客、游客到普陀山的唯一通道。保证渡运安全,以避免人民群众的生命和财产安全遭受损害意义重大。据报道,在 2009 年至 2011 年,中央财政共拨付 1.68 亿元专项资金,用于渡船改造。全国共更新农村老旧渡船 2877 艘,带动地方政府更新改造船龄不足 20 年的农村渡船 1500 多艘。[1]对渡船进行改造以提高渡船的安全性能是为实现渡运安全所做出的重要努力。但是,渡运安全的实现,不仅需要通过加大基础设施建设来增强渡运硬实力,也需要通过强化渡运安全的监督管理来提高渡运软实力。

《内河交通安全管理条例》第 37 条第 2 款规定:"渡口所在地县级人民政府应当建立、健全渡口安全管理责任制,指定有关部门负责对渡口和渡运安全实施监督检查。"为加强对渡运安全的监督管理,法律赋予了县级人民政府对渡口的监督管理职责。政府对渡运安全的监督管理是实现渡运安全的最后屏障,若政府相关执法人员未履行或者未充分履行渡运安全的监管职责,会给渡运安全带来重大隐患。在渡运实践中,具有公务员身份的相关责任人员未履行或者未充分履行监督管理职责导致水上交通事故发生的,则涉嫌构成玩忽职守罪。而在实践中,对渡口安全负有监管职责的人员不一定是政府在编的公务人员,也可能是受到政府委托进行渡运安全监管的非公务员编制的人员。这些人员是否可以成为玩忽职守罪的犯罪主体?为了解决司法实践中对国家机关工作人员认定难题,2002 年 12 月 28 日,第九届全国人大常委会第三十一次会议通过的《关于〈中华人民共和国刑法〉第九章渎职罪主体适用问题的解释》(以下简称《渎职罪主体解释》)对此进行了回应,该解释规定:"在依照法律、法规规定行使国家行政管理职权的组织中从事公务的人员,或者在受国家机关委托代表国家机关行使职权的组织中从事公务的人员,或者虽未列入国家机关人员编制但在国家机关中从事公务的人员,在代表国家机关行使职权时,有渎职行为,构成犯罪的,依照刑法关于渎职罪的规定追究刑事责任。"可见,立法解释采用了"公务论",即以主体

---

[1] 周献恩、黄慧慧:《渡运安全:承载生命之盼》,载《中国交通报》2012 年 12 月 25 日第 6 版,第 2 页。

是否实质从事国家公务为标准，来判断该主体是否具有国家机关工作人员身份。鉴于此，代表政府进行渡运安全监管的非公务员编制的人员，也可以成为玩忽职守罪的犯罪主体。例如，被告人于国建被佛阁寺镇人民政府聘任为渡口安全监督员，其在发现渡口长期存在安全隐患的情况下，不认真履行职责，致使渡船长期违规航行，且案发当天由于其不负责任、不严格履行职责，致使渡船发生侧翻事故，造成5人死亡、3人失踪的严重后果，法院认定被告人于国建构成玩忽职守罪，判处有期徒刑3年零6个月。[1]

第二节　船上安监人员监管过失刑事责任立法透视

船长、甲板部船员以及轮机部船员都在一定范围内具有监督管理职责。由于其怠于履行监督管理职责，而间接导致水上交通事故发生，产生刑法构成要件危害后果的，可能就要承担相应的航运安全监管过失犯罪的刑事责任。本节将对船长、甲板部船员以及轮机部船员监管过失犯罪所涉的罪名分别进行讨论。

一、船长监管过失涉嫌的犯罪

由于自然因素或者被监督者的过失行为等因素的介入，将船长实施的监管过失行为所隐含的危险现实化，产生刑法构成要件危害结果时，那么船长就应当承担这种由监管过失行为所导致的刑事责任。根据我国刑法，由于船长违反义务的表现形式不同，船长涉嫌构成的罪名也有所不同。船长冒险开航而导致交通事故，船长涉嫌构成强令违章冒险作业罪；船长疏于对值班驾驶员进行监督而导致交通事故，船长涉嫌构成交通肇事罪；船长怠于落实安全管理制度，导致发生人员伤亡、财产损失的严重后果的，船长涉嫌构成重大责任事故罪。

---

[1] 参见（2015）驿刑初字第447号刑事判决；（2016）豫17刑终48号刑事裁定。

（一）船长冒险开航涉嫌的犯罪

根据《中华人民共和国船员条例》第 20 条规定："船长在保障水上人身与财产安全、船舶保安、防治船舶污染水域方面，具有独立决定权，并负有最终责任。船长为履行职责，可以行使下列权力：（一）决定船舶的航次计划，对不具备船舶安全航行条件的，可以拒绝开航或者续航；……"船长应当根据船舶自身的安全条件以及水上环境，判断出船舶是否适合开航或者继续航行，在有很高安全风险的情况下，船长应当果断选择停航，以免安全隐患转换成巨大的现实悲剧。2015 年 6 月 1 日 21 时 30 分，"东方之星"游轮在由南京驶往重庆的途中，在湖北监利长江水域发生翻沉。事发时游轮上共有 454 人，只有 12 人生还。出事当晚，"长江观光 6 号"船长根据航行经验，在了解当地天气恶劣的情况下，果断地选择了靠岸停泊，安然避过一劫。而"东方之星"船长却未把恶劣天气当回事，选择冒险航行。[1]

那么在交通运输领域，对强令违章冒险驾驶的行为是以强令违章冒险作业罪定罪处罚还是以交通肇事罪定罪处罚？笔者认为，即使在交通运输领域，对于强令违章驾驶的行为也应当以强令违章冒险作业罪定罪处罚。一方面，强令违章冒险作业罪是《刑法修正案（六）》新增设的罪名，鉴于强令他人违章冒险作业的行为具有比一般的违反安全管理规定的行为具有更严重的主观恶性，"强令行为"的否定性评价程度应更为严厉，因此，为了达到罪责刑相适应原则的要求，立法者在设立强令违章冒险作业罪的同时提高了该罪的法定刑；另一方面，强令违章冒险作业罪并不是重大责任事故罪的加重处罚情节，而是独立的罪名，无论是在铁路运输、航空运输、陆地运输还是水上运输领域，都可以适用强令违章冒险作业罪对"强令违章冒险作业"的行为进行规制。由此，本书认为，"东方之星"的船长涉嫌构成我国《刑法》第 134 条第 2 款规定的强令违章冒险作业罪。

---

[1] 黄朝阳：《"东方之星"的警示：安全大于天》，《人民邮电》2015 年 6 月 18 日第 002 版。

（二）船长疏于对值班船员进行监督涉嫌的犯罪

在船舶航行过程中，必须保证驾驶台24小时值守。高级船舶驾驶员实行4小时值班制：0：00—4：00 二副；4：00—8：00 大副；8：00—12：00 三副；12：00—16：00 二副；16：00—20：00 大副；20：00—24：00 三副。值班驾驶员不得疲劳值班或者醉酒值班，若其违反规定由此引发了交通事故，产生刑法构成要件危害结果的，不仅值班驾驶员要承担交通肇事罪的刑事责任，处于监督地位的船长由于其怠于履行监督职责也可能承担监督过失的刑事责任。那么，此时船长是否涉嫌构成交通肇事罪？本书认为，对交通工具的营运安全处于事实上监督管理地位而疏于履行监管职责的行为人，都有可能成为交通肇事罪的主体。一方面，《最高人民法院关于审理交通肇事刑事案件具体应用法律若干问题的解释》第1条规定："从事交通运输人员或者非交通运输人员，违反交通运输管理法规发生重大交通事故，在分清事故责任的基础上，对于构成犯罪的，依照刑法第133条的规定定罪处罚。"可见，交通肇事罪的主体不仅包括从事交通运输的人员，也包括非交通运输人员。因此，将对交通工具的运营安全处于事实上监督管理地位，且也从事交通运输的船长认定为交通肇事罪的犯罪主体并不存在困难。

另一方面，交通肇事罪与重大责任事故罪之间是特殊法与普通法的关系，交通肇事罪是重大责任事故罪在公共交通领域的特殊法。因此，在公共交通管理范围内，因违反监督管理职责而造成重大事故的，定交通肇事罪比重大责任事故罪要更合适。例如，2012年4月9日，广东省阳春市发生一起重大交通事故，一辆校车与一辆货车相撞。校车一共载有17名学生，车祸导致3名幼儿园学生死亡，14名学生不同程度受伤。肇事车辆双方都存在违法行为。经查幼儿园校车存在超载行为。幼儿园园长杨雪群作为校车安全运营的保证人，具有监管过失责任。[1]本案中，对校车运营安全具有监管地位的幼儿园园长杨雪群定交通肇事罪比较合

---

[1] 搜狐新闻：《广东阳春幼儿园校车事故死亡人数升至3人》，http：//news.sohu.com/20120410/n340209964.shtml，2012年4月10日，最后访问日期2020年10月31日。

适。综上所述，我们认为，由于值班驾驶员疲劳驾驶或者醉酒驾驶，而由此导致发生严重危害后果的，怠于履行监管职责的船长涉嫌构成交通肇事罪。

（三）船长疏于对引航员的监管涉嫌的犯罪

引航是指持有有效适任证书的引航员，在引航机构的指派下，从事的引领相应船舶航行、靠泊、离泊、移泊、锚泊等活动。除了危及船舶安全的情况，船长应当采纳引航员的指令。在引航活动中，引航员的指令需要得到船长的默许，船长发现引航员的操纵指令可能对船舶航行安全构成威胁或者可能造成水域环境污染时，应当及时纠正、制止，必要时可以要求更换引航员。在引航过程中，由于船长和引航员配合失误而导致水上交通事故的案例并不罕见。例如，1998年4月27日20：30时"T"轮驶入防波堤内引航员上船，所靠码头为一新造泊位，码头照明设施不完善，几乎是一片漆黑，21：10时在接近泊位掉头靠泊操作过程中，航速控制不当，当时大副告诉船长船舶离码头太近且航速较快，此时引航员即用"SLOW ASTERN"，船长认为倒车力度不够，即改用"HALF ASTERN"，随后即用"FULL ASTERN"，同时船长电话通知机舱取消限制加速倒车，但终因船舶满载，惯性太大，最终船艏擦碰码头。此事故的原因是多方面的，其中，控制船速不当及船长与引航员之间的配合不够也是原因之一。[1]船舶的引航工作需要在船长的监督下进行，船长也被认为是引航活动中最终安全责任人[2]。航运界也一致认为，在引航过程中发生的水上交通事故，应由船长负责，引航员不承担责任。但是在刑法的视角下，当发生刑法构成要件危害后果时，引航员和船长都有可能成为交通肇事罪的刑事责任主体。

一方面，当船长无法预见危害结果时。引航过程中，由于水域环境的问题而引发水上交通事故的，引航员应当承担交通肇事罪的刑事责任。

---

[1] 参见张道余：《引航过程中的事故分析及对策》，载《1995—2009航海技术论文选集（第1集）》，2010年5月，第209页。

[2] 《船舶引航管理规定》第23条规定，船舶接受引航服务，不解除被引船舶的船长驾驶和管理船舶的责任。

而此时船长不承担监管过失责任，因为船长可以信赖引航员能预见到引航水域存在的危险，即通过信赖原则阻却船长对危害结果预见的可能性。另一方面，在船长可以预见到危害结果时。船长修改引航员指令后发生事故的场合，引航员不承担刑事责任，而需要从船长的结果预见义务（主观的注意义务）和结果回避义务（客观的注意义务）的履行情况来探讨船长的刑事责任，具体来讲，有以下三种情形。

	主观注意义务	客观注意义务	刑事责任
情形一	√（及时发现危险）	×（指令错误）	√
情形二	×（危险发现晚了）	×（指令错误）	√
情形三	×（危险发现晚了）	——	√

情形一中船长尽到了主观的注意义务，但是由于未履行适当的客观的注意义务（未给出正确指令），而导致危害结果发生了，那么船长应当承担刑事责任。但是在这种情况下，如果履行了客观的注意义务碰撞仍不可避免，那就意味着不存在结果回避可能性，船长不应承担责任；情形二中船长未尽到主观的注意义务，即船长发现危险为时已晚，同时船长也违反了客观的注意义务（给出了错误指令），那么，应当肯定船长的刑事责任。情形三中船长未尽到主观的注意义务，即船长发现危险为时已晚，此时无论船长是否给出了正确指令，船长都应当承担刑事责任。

（四）船长疏于落实安全管理制度涉嫌的犯罪

根据船长疏于落实安全管理制度的行为在因果流程中的作用不同，将船长疏于落实安全管理制度导致的刑事责任分为两种类型来讨论。一种是违反安全管理制度的行为为介入因素提供机会，另一种是违反安全管理制度的行为作为介入因素直接引发危害结果。

1. 为介入因素介入提供机会的业务过失行为

船长疏于落实安全管理制度的管理过失直接为介入因素引发危害后果提供了机会，船长涉嫌构成重大责任事故罪。例如，2001年1月6日，"苏射18"轮在江苏省射阳港海域搁浅沉没，船上12名船员落水，9人死亡，2人下落不明，直接经济损失270多万元。经查，"苏射18"轮未封航是导致其沉没的直接原因。"苏射18"轮平时就存在航行经常不按规定封舱的情况。此次事故发生前,"苏射18"轮从连云港开航时又未按规定进行封舱。航行途中,船长从天气预报中得知将有大风浪,也没有安排船员封舱。特别是在1月5日晚该轮高潮进港未果,必将在海上遭遇中雨和大风浪,且风力严重超过了该轮抗风能力的情况下,船长仍然未安排船员封舱。直到1月6日早上该轮进港过程中遭遇大风浪时,船长才叫船员封舱,但此时因风浪太大,封舱已不可能,货舱口在大风浪和雨水中始终敞开,使海水和雨水毫无阻拦进入货舱,致船舶丧失浮力,直接导致了船舶左倾并最终沉没。[1]在自然因素的直接作用下,"苏射18"轮船长的管理过失行为间接引发了危害后果,由此船长应当承担管理过失的刑事责任,涉嫌构成重大责任事故罪。

2. 作为介入因素直接引发危害结果的业务过失行为

这种情况表现为船长违反安全管理制度的行为成为介入因素而直接引发危害结果。1982年5月5日,上海海运局"大庆53"号油轮从上海空放秦皇岛途中,由于唐某某违章进行电焊操作,造成爆炸起火,事故发生后,逃生时无人指挥,船员们混乱不堪,又由于船体倾斜,已无法放下救生艇。这时有人拖出两只气胀式救生筏,但不幸的是一只的阀盖打不开,另一只救生筏入水后筏底朝天。[2]根据船员的岗位职责的规定,三副负责管理全船救生、消防设备和器材,使其处于有效使用状态。由于三副负责管理的救生艇没能保持一直处于有效使用状态,导致船舶即将翻沉时,船员无法通过救生艇逃生,因此三副需要承担间接的业务过失的刑事责任,其承担刑事责任的依据在于其对救生艇所具有的管理职责。但是,能否要求船长承担管理过失的刑事责任?要明确此问题,不仅要对船长合义务替代行为所假定的因果关系设定判断背景,也要对合义务替代行为的结果回避可能性判断的标准进行研究。

---

[1] 中华人民共和国长江海事局编:《海上交通事故案例》,武汉理工大学出版社2011年版,第31—35页。

[2] 中华人民共和国长江海事局编:《海上交通事故案例》,武汉理工大学出版社2011年版,第55页。

本案中，在事故的发生与最终的危害结果之间存在两个介入因素。第一，逃生时无人指挥，船员混乱不堪，救生筏入水后筏底朝天无法使用；第二，由于三副的管理过失致使另一个救生筏无法有效使用。可能会有意见指出：即使船长在消防应急过程中指挥妥当，但由于存在船员混乱、一只救生筏入水后筏底朝天无法使用，另一只救生筏阀盖打不开无法有效使用的情形，那么结果仍然不可避免，所以应该否定船长承担由于指挥不力而引发的刑事责任。或者提出，即使船长在平时注重主持消防、救生演习，也无法彻底避免在本次火灾发生后船员慌乱，放下一只救生筏入水后筏底朝天，以及另一只救生筏无法有效使用的问题，由此也应当否定船长承担刑事责任。实际上，这样的提法没有发觉到问题的本质。无论介入的是三副未能妥善保管救生筏而致使一只救生筏无法使用，还是船员在慌乱中将另一只救生筏扔入水中底朝天，抑或是船长指挥不力、船员慌乱不堪的情形，都是由于船长不重视主持消防、救生演习造成的。如果船长落实了总体的消防救生安全制度，定期主持消防、救生演习，就能发现救生艇的阀盖问题而要求及时进行维修或更换；如果船长落实了总体的消防救生安全制度，定期主持消防、救生演习，就应当肯定在实际火灾发生后，船长可以做到妥当指挥，在船长的指挥下船员也会发挥训练效果而妥当行动。这在刑法理论上被称为"实施了合义务的作为引起的当然的事态推移"，之所以这种事态推移是"当然的"，考虑的主要是行为人的管理监督权限。这种假定因果关系中判断背景的设定方式在日本"千日商场大楼火灾案"中就有所体现。[1]

另外，在船长履行了安全管理制度的情况下，结果回避可能性的判

---

[1] 1972年5月13日夜，千日商场大楼三层租赁店铺的床上用品卖场，在营业结束后进行电路施工时发生原因不明的火灾，火势扩大到二层和四层，大量浓烟顺着电梯升降通路弥漫到七层的夜总会，导致夜总会顾客和工作人员118人死亡、42人受伤。对于夜总会经理兼防火管理人和夜总会经营企业的董事长，是否构成业务上过失致死伤罪。二审判决认定，如果夜总会经理兼防火管理人和夜总会经营企业的董事长尽到了注意义务，预设了千日商场大楼六层以下发生火灾这种可能性，为此使用楼梯进行了避难诱导训练，对救助袋做了适当的维护管理，当本案火灾发生烟雾弥漫入夜总会之际，当时处于店内的夜总会经理兼防火管理人和夜总会经营企业的董事长就可以发挥平时的训练的技能，迅速将客人引导至楼梯逃生，并使用救助袋避难。除当时在更衣室的11人以外，其余所有人的死伤结果都是可以避免的。参见大阪高判昭和62·9·28，载《判例时报》第1262号，第45页。

断标准的选定，也是影响船长是否承担刑事责任的重要因素。在刑法理论中，要肯定刑事归责的前提是要明确行为人的实行行为与危害结果之间的因果关系。船长违反消防、救生安全管理制度，怠于定期进行消防、救生演练是一种不作为。而不作为犯罪的因果关系的判断需要通过假定因果关系判断行为人如果实施了合义务的替代行为，能否实现结果回避（结果回避可能性有无的判断），并在多大程度上可以实现结果回避（结果回避可能性大小的判断）。如果结果百分之百不可避免，那么行为人对结果不承担刑事责任。原因在于，如果合义务的行为根本不能避免结果的发生，那么刑法就不能将这个本就无法回避的结果归属于违反作为义务的行为人。否则刑法就有强人所难之嫌了。可是如果行为人履行了法律所期待的行为，还是有可能避免结果发生的，那么刑法对行为人就不算是强求了。但在司法实践中，并不是只要违反义务的行为升高了结果发生的危险就肯定结果归责，而是要求危害行为具有引发危害结果的高度盖然性。我国学者也指出，在行为人违反注意义务，但假定结果会发生的场合，能否对行为人追究过失责任，必须考虑行为人的行为是否可能实质地、明显地导致法益危险增加。[1]综上所述，只有在船长实施的合义务的替代行为能实质地、明显地避免危害结果发生的场合，才能追究船长管理过失的刑事责任，此时船长涉嫌构成重大责任事故罪。

（五）影响船长刑事责任因素的考察

船长主管船上一切事物，但并不是说船长要对本船发生的所有满足刑法构成要件危害结果的事故都承担刑事责任。分析影响船长承担监管过失犯罪刑事责任有无及大小的因素，在研究船长承担监管过失犯罪刑事责任问题时尤为重要。

1. 船长不适任对其承担刑事责任不产生影响

《海船船员适任考试和发证规则》与《内河船舶船员适任考试和发证

---

[1] 周光权：《结果假定发生与过失犯——履行注意义务损害仍可能发生时的归责》，载《法学研究》2005年第2期，第64页。

规则》分别对海船船长和内河船船长的适任等级进行了说明[1]。取得内河船资质的船长不得到海船任职；取得沿海航区资质的船长不得到无限航区任职；在同一个航区中，具有较低等适任证书的船长不得到需要较高等船长适任证书的船上任职。未取得相应资质的船长在船舶管理和驾驶中，由于缺乏相应的知识与能力，导致未能正确履行船舶安全管理职责而引发水上交通事故，或者是由于不具有相应的驾驶能力而导致发生水上交通事故，从而引发刑法构成要件结果的，也要承担相应的间接业务过失或者直接业务过失的刑事责任。原因在于，不具有相应资质的船长在事实上已经形成了与船舶之间的依存关系，承担着事实上的对船舶的管理职能，只要船长在事实上处于对船舶安全具有管理职责的地位，就应当承担由其管理过失、监督过失而导致的刑事责任。

2. 不是所有的交通肇事危害结果都可归责于船长

船长虽然不参与值班，但必要时也应上驾驶台指挥。船长上驾驶台分为主动和被动两种形式。《中华人民共和国船员条例》第18条规定："船长管理和指挥船舶时，应当符合下列要求……（六）船舶进港、出港、靠泊、离泊，通过交通密集区、危险航区等区域，或者遇有恶劣天气和海况，或者发生水上交通事故、船舶污染事故、船舶保安事件以及其他紧急情况时，应当在驾驶台值班，必要时应当直接指挥船舶；……"

---

[1]《中华人民共和国海船船员适任考试和发证规则》第6条规定："持证人适任的航区分为无限航区和沿海航区……"第8条规定："船长、驾驶员、轮机长、轮机员适任证书分为：（一）船长、大副、轮机长、大管轮无限航区适任证书分为二个等级：1. 一等适任证书：适用于3000总吨及以上或者主推进动力装置3000千瓦及以上的船舶；2. 二等适任证书：适用于500总吨及以上至3000总吨或者主推进动力装置750千瓦及以上至3000千瓦的船舶。……（三）船长、大副、轮机长、大管轮沿海航区适任证书分为三个等级：1. 一等适任证书：适用于3000总吨及以上或者主推进动力装置3000千瓦及以上的船舶；2. 二等适任证书：适用于500总吨及以上至3000总吨或者主推进动力装置750千瓦及以上至3000千瓦的船舶；3. 三等适任证书：适用于未满500总吨或者主推进动力装置未满750千瓦的船舶。……"《中华人民共和国内河船船员适任考试和发证规则》第8条规定："在内河船舶担任船长和驾驶部职务船员的《适任证书》类别按照船舶总吨位确定，其中在拖轮担任船长和驾驶部职务船员的《适任证书》类别按照拖轮的主推动力装置总功率确定，分为以下类别：（一）一类《适任证书》：1000总吨及以上的内河船舶以及500千瓦及以上的内河拖轮；（二）二类《适任证书》：300总吨及以上至1000总吨的内河船舶以及150千瓦及以上至500千瓦的内河拖轮；（三）三类《适任证书》：300总吨以下的内河船舶以及150千瓦以下的内河拖轮。"

根据上述规定，在特定情形下，船长应主动到驾驶台指挥。船长由于未能按要求履行职责，而导致水上交通事故发生的，就应当承担监督过失的责任。如某轮从广州黄埔港开航，驶往北方港口，在夜间航经香港担杆水道时，在还没有驶出分隔带时，船长就提前离开驾驶台，导致该船在从分隔带转向过程中，与进口船发生碰撞，导致本船船体受损严重。[1]

另外，由于三副的航行经验不足，在三副值班过程中，船长也应随时到驾驶台保驾护航，加强对三副的监督。除了上述情形，值班驾驶员在值班过程中如遇到能见度不良等情况，而没有把握保持安全驾驶的情况下，应当及时唤请船长上驾驶台。但是有的值班驾驶员担心唤请船长过于频繁，会影响船长情绪，在危险发生之际心存侥幸而未及时唤请船长上驾驶台。例如，半夜二副班，由于处在深夜时刻，二副为了照顾船长多休息一会儿，而没有及时叫醒船长上驾驶台。当班驾驶员考虑到种种原因未及时叫船长，等事态严重再叫船长上驾驶台，往往失去了最佳的应急操作时机。2007年5月12日，从烟台开往大连的集装箱船"JIN SHENG"轮和从营口港开往韩国的杂货船"GOLDEN ROSE"轮发生碰撞，事故造成"GOLDEN ROSE"轮沉没，造成6人死亡，10人失踪。经查，凌晨1时许，二副在能见距离约0.5海里的情况下，没有及时通知船长上驾驶台，之后由于操作失误导致船舶发生碰撞。[2]而由于值班驾驶员的原因，发生危险没能及时叫船长上驾驶台，那么船长对事故的发生不承担责任。

3. 船员故意犯罪不一定会阻却船长的刑事责任

当船员故意犯罪时，是否应当追究船长监督管理过失的刑事责任，这是在讨论船长监管过失的刑事责任时不能回避的问题。例如，在船长具有疏于对污水排放进行监管的情况下，而介入了船员故意排放污水的因素，那么船长是否应当对污染损害结果承担刑事责任？对上述问题进行回答还应从因果关系的判断入手，因果关系是让行为人承担刑事责任的正当化依据。在这里，要通过判断船长的业务过失行为对危害结果发生是否起到了支配作用，如果船长的过失行为是危害结果发生的主要原

---

[1] 吴忠盛：《船长当值驾驶台与航行安全的关系》，载《航海》2017年第2期，第71页。
[2] 中华人民共和国长江海事局编：《海上交通事故案例》，武汉理工大学出版社2011年版，第11—12页。

因力,那么船长就应当承担监管过失的刑事责任,而如果船长的业务过失行为并不是导致事故发生的主要原因力,船长对因果经过没有控制可能性,那么船长就不应对危害结果承担监管过失的刑事责任。

4. 自然灾害介入不一定会阻却船长的刑事责任

随着科学技术的不断发展,人类抵御自然灾害的能力越来越强,水上交通事故的发生并不是由于"天灾",事故背后的"人祸"才是导致事故发生的主要原因。当自然灾害介入时,是否能中断船长监管过失犯罪的行为与危害结果之间的因果关系,也要通过考察船长监管过失的行为是否对最终危害结果的发生具有主要原因力,如果答案是肯定的,那么船长就要承担监管过失的刑事责任。比如,在"东方之星"案中,船长冒险开航,虽然由不可抗力的自然因素直接导致了最终危害结果的发生,但是由于船长冒险开航,为自然因素引发危害结果提供了机会,对于危害结果的发生也具有主要原因力,在这种情况下自然灾害就不能中断船长冒险开航的行为与危害结果的因果关系。另外,当船长没有落实及时封舱的安全管理规定,导致海水直接进入船舱,直接引发翻沉时,船长妥善履行安全管理制度正是为抵御水上风浪等固有的自然风险,如果船长未能落实安全管理规定,使介入的自然因素直接引发危害后果,那么船长还是应当承担监管过失犯罪的刑事责任。

5. 期待可能性原则可减轻或者免除船长的刑事责任

《中华人民共和国船员条例》第20条规定:"船长在保障水上人身与财产安全、船舶保安、防治船舶污染水域方面,具有独立决定权,并负有最终责任。船长为履行职责,可以行使下列权力:……(二)对船员用人单位或者船舶所有人下达的违法指令,或者可能危及有关人员、财产和船舶安全或者可能造成水域环境污染的指令,可以拒绝执行:……"由于法律法规明确了船长对船舶安全具有独立责任,具有最终决定权,因此,在保证安全的考量下,船长应当拒绝船公司冒险航行的不法指令,必要时向有关部门报告。船长虽然在名义上对船舶的航行安全负有最终决定权,但随着通信手段的发达,受雇于船公司的船长的这种权力逐渐削弱,经历了由 super master(超级长官)到 captain(船长、首领),再由 captain(船长、首领)到 driver(驾驶员)的改变。受经济利益的趋势,船公司甚至有可能忽视安全问题,要求船长冒险航行,由于船长受雇于船公司,所以在很多情况下，船长不得不听命于船公司的指令。此时，是否可以适用期待可能性减轻或者免除船长的冒险航行的刑事责任呢？期待可能性的理论认为，如果不能期待行为人实施其他适法行为，就不能对其进行法的非难，因而不存在刑法上的责任。[1]反过来说，在对行为人没有期待可能性的时候，即便行为人具有故意、过失，也不能对行为人进行谴责。

期待可能性不仅存在有无的问题（是否阻却责任），而且还存在程度问题（是否减轻责任）。本书认为，由于法律规定船长对船舶的安全具有最终决定权，不能因为是船公司指使船长冒险开航，船长对危害结果就不承担责任。但是，鉴于船长受雇于船公司的具体事实，可适用期待可能性理论减轻船长的刑事责任，在量刑方面有所表现，但是还没有达到否定船长承担刑事责任的程度。

二、甲板部船员监管过失涉嫌的犯罪

甲板部船员包括大副、二副、三副、驾驶助理、水手长、木匠、一级水手和二级水手等，其负责人是大副。鉴于篇幅所限，笔者只对甲板部的主要成员，大副、二副以及三副的监管过失刑事责任问题进行阐述。大副、二副以及三副不仅参与值班，并且在其各自的职责范围内，具有对相应的物的管理职责，抑或是对相应生产活动的监督职责。例如，除参与值班外，大副主管货物的配载、装卸、交接和运输管理以及甲板部的维修保养工作；二副主管驾驶设备，包括各种无线电航海仪器、气象仪表、操舵仪等设备；三副负责管理全船救生、消防设备和器材等设备。基于此，上述人员不仅可能由于违反水上交通运输规则而承担直接业务过失的刑事责任，也可能基于其监督管理地位而承担间接的业务过失的刑事责任，即监督管理过失的刑事责任。下文将对大副、二副以及三副涉嫌构成的监管过失类罪名进行举例说明。

（一）大副监管过失涉嫌的犯罪

1999年11月24日，山东烟大汽车轮渡股份有限公司所属客滚船"大

---

[1] 张明楷：《刑法学（第四版）》，法律出版社2011年版，第303页。

舜"轮,从烟台驶往大连途中在烟台附近海域倾覆。船上304人中22人获救,包括船长、大副和轮机长在内的282人遇难,直接经济损失约6000万元。经查,车辆超载、系固不良是这起事故的重要原因。"大舜"轮所载车辆的总额定载重为225.5吨,实载487.6吨,为额定载重量的2.16倍。另外,由于C、D甲板汽车舱所载车辆没有有效系固,造成车辆及货物因船舶大角度操纵和大风浪航行颠簸、摇摆而发生倾斜、移位、碰撞,进而引发火灾,导致舵机失灵、船舶失控。[1] 大副对货物的装载、绑扎固定具有监督管理职责,所以大副应当承担相应的监督管理过失责任,涉嫌构成重大责任事故罪,鉴于大副也在事故中遇难,所以就不再追责了。

(二) 二副监管过失涉嫌的犯罪

1997年1月8日,广州海运集团有限公司所属"紫云山"轮在航经红海大哈尼什岛附近水域时,在"西南礁石"上触礁,造成船首底部严重破损,直接经济损失约350万美元。经查,该轮航线设计不合理是事故发生的重要原因。该轮二副1996年3月在"紫云山"轮任三副,1996年12月在该船接任二副。在此之前未有欧洲航线资历,在该航次中首次负责远洋航线的设计工作,对进入红海岛礁区水域的航线设计,本应小心谨慎、以安全为主。但二副却未能综合有关资料对该海区水域情况进行认真分析,只是单纯地考虑为了缩短航程而将航线选择了在"NAHUKU-BTA"岛西南面的岛礁区内经过,以致对航线紧贴"South West Rocks"这一明显错误未能及时发现并改正。[2] 由于二副对航线的设计问题,而使船舶在航行中陷入危险,并且在值班驾驶员疏忽大意的过失行为介入下,危险实际发生了。具有航线设计职责的二副处于航行安全的保证人地位,基于航线设计上的失误而引发危害后果时,二副就应当承担相应管理过失的责任,涉嫌构成重大责任事故罪。

---

[1] 参见中华人民共和国长江海事局编:《海上交通事故案例》,武汉理工大学出版社2011年版,第57—62页。

[2] 参见中华人民共和国长江海事局编:《海上交通事故案例》,武汉理工大学出版社2011年版,第39—42页。

(三) 三副监管过失涉嫌的犯罪

2001年1月6日，"苏射18"轮在江苏省射阳港海域搁浅沉没，船上12名船员落水，9人死亡，2人下落不明，直接经济损失270多万元。经查，"苏射18"轮未封舱是导致其沉没的直接原因。另外，造成此次伤亡后果的主要原因是，"苏射18"轮配备的救生筏，属渔用简易救生筏，不符合规范要求，存在严重缺陷，船员登筏后即产生漏气，直接导致11名船员落水遇难。[1]三副对救生筏等设备具有直接的管理权限，由于消防、救生等设备缺陷而引发刑法构成要件危害后果的，三副就应当承担相应的管理过失的责任，涉嫌构成重大责任事故罪。

(四) 影响甲板部成员承担刑事责任的因素

1. 船员不适任对其承担刑事责任不产生影响

《海船船员适任考试和发证规则》与《内河船舶船员适任考试和发证规则》分别对海船和内河船舶的大副、二副以及三副的适任等级进行说明[2]。一方面，取得内河船舶船员资质的船员不得到海船上任职；另一方面，某一船员即使具有海船任职资格，但是具有较低等级资质的船员

---

[1] 参见中华人民共和国长江海事局编：《海上交通事故案例》，武汉理工大学出版社2011年版，第31—35页。

[2]《中华人民共和国海船船员适任考试和发证规则》第6条规定："持证人适任的航区分为无限航区和沿海航区……"第8条规定："船长、驾驶员、轮机长、轮机员适任证书分为：(一) 船长、大副、轮机长、大管轮无限航区适任证书分为二个等级：1. 一等适任证书：适用于3000总吨及以上或者主推进动力装置3000千瓦及以上的船舶；2. 二等适任证书：适用于500总吨及以上至3000总吨或者主推进动力装置750千瓦及以上至3000千瓦的船舶。……(三) 船长、大副、轮机长、大管轮沿海航区适任证书分为三个等级：1. 一等适任证书：适用于3000总吨及以上或者主推进动力装置3000千瓦及以上的船舶；2. 二等适任证书：适用于500总吨及以上至3000总吨或者主推进动力装置750千瓦及以上至3000千瓦的船舶；3. 三等适任证书：适用于未满500总吨或者主推进动力装置未满750千瓦的船舶。……"另见，《中华人民共和国内河船舶船员适任考试和发证规则》第8条规定："在内河船舶担任船长和驾驶部职务船员的《适任证书》类别按照船舶总吨位确定，其中在拖轮担任船长和驾驶部职务船员的《适任证书》类别按照拖轮的主推动力装置总功率确定，分为以下类别：(一) 一类《适任证书》：1000总吨及以上的内河船舶以及500千瓦及以上的内河拖轮；(二) 二类《适任证书》：300总吨及以上至1000总吨的内河船舶以及150千瓦及以上至500千瓦的内河拖轮；(三) 三类《适任证书》：300总吨以下的内河船舶以及150千瓦以下的内河拖轮。"

也不得到需要高等级资质船员的海船上任职。例如，具有沿海航区资质的二副不得到无限航区的船上任职二副，即使具有无限航区的二副资质的船员，因其具有二等适任证书，也不能到需要一等适任证书二副的船上任职。如果船员不适任，由于其欠缺相应的技术能力，而导致发生刑法构成要件危害后果的，也要承担相应的直接业务过失的刑事责任或者间接的业务过失的刑事责任，刑事责任的有无与大小不会受船员自身资质的影响。不具有相应的资质，而在船公司或者其他船员服务机构的指派下自愿上船工作的，也可以被看作一种原因自由行为，根据原因自由行为的理论，行为人的可罚性并不受影响。

2. 舵工操作失误时驾驶员不一定承担监管过失刑事责任

船舶的驾驶活动一般都需要值班驾驶员和舵工的配合，值班驾驶员负责瞭望并给出航行指令，舵工根据航行指令操舵，舵工通常是由具有操舵技能的一级水手担任。根据《舵工操舵安全操作规程》第2条规定，"舵工操舵时应集中精力，复诵和回答口令要响亮、正确、清晰"。第3条规定，"长时间操舵时，应有两名舵工轮流操舵，空舵水手负责监督操舵的正确性并协助瞭望，如只有一名舵工，值班驾驶员负责监舵"。由于瞭望人员的疏忽大意未能预见到危险，或者过于自信而轻信能够避免危险的，在这种认识状态下，给出了航行口令，舵工按照口令操作而导致船舶碰撞事故发生，产生刑法构成要件危害后果时，瞭望人员即值班驾驶员应当承担交通肇事罪刑事责任，而舵工不承担责任。而当瞭望人员给出了正确的指令，但是由于舵工操作不当导致事故发生的，首先应当肯定的是进行错误操作的舵工应当承担责任，但是值班驾驶员是否应当承担责任则应分情形讨论。当驾驶台没有空舵水手进行监舵时，监舵的职责由值班驾驶员承担。由于值班驾驶员疏于对舵工的行为进行监督，而由舵工的过失行为直接引发船舶碰撞事故时，值班驾驶员应当承担监督过失的刑事责任，应与舵工一起被追究交通肇事罪的刑事责任；而当驾驶台由空舵水手进行监舵时，那么值班驾驶员就不应对舵工的过失行为负责，此时承担监督过失刑事责任的应当是具有监督职责的空舵水手。

三、轮机部船员监管过失涉嫌的犯罪

轮机长具有制定相关规章制度的职责，由于轮机长职责范围内的规章制度的缺陷而引发危害结果的，轮机长要承担管理过失的责任。大管轮、二管轮和三管轮分别对不同的设备具有管理的职责，由于设备的缺陷而引发危害结果的，对设备具有管理职责的船员要承担管理过失责任。此外，轮机长、大管轮以及机工长具有监督指挥职责，由于其怠于履行监督职责，导致所监督的第三人过失地引发危害结果时，具有监督指挥职责的轮机长、大管轮或者机工长便成为监督过失的责任主体。无论是对人的监督过失责任，还是对物的管理过失责任，抑或是对规章制度缺陷所应承担的管理过失责任，所涉嫌构成的都是重大责任事故罪。

（一）对人的监督过失涉嫌的犯罪

轮机长的监督职责主要表现为：船舶进出港口、靠离移泊、通过狭水道或在其他困难条件下航行时，应在机舱领导和监督值班人员操作，在发生紧急事故时，轮机长负责指挥机舱人员进行抢修和抢救工作。大管轮是轮机长的主要助手，在轮机长的领导下，负责领导轮机部人员进行机电设备管理、操作、保养和检修工作。在轮机部生产作业领域，从表面上看，操作人员的违规操作是引发事故的直接原因，但是，事故发生的背后，具有监督职责的大管轮和轮机长疏于履行安全监督职责也可能是导致事故发生的重要原因。例如，1982年5月5日，上海海运局"大庆53"号油轮从上海空放秦皇岛途中，由于唐某某违章进行电焊操作，造成爆炸起火，船舶沉没，船上20名船员遇难，直接经济损失1500万元人民币。经查，在轮机部工前会议上，轮机长布置了当天的值班、检修事宜，大管轮将焊补污水泵的任务交给了机工长唐某某和两名机工。唐某某漫不经心地点点头，粗心的轮机长未作任何交代就示意散会。机工长进行电焊工作时违反安全操作规则而直接引发了爆炸事故。另外，《油轮安全管理规则》第13条规定："非装卸、压载、洗舱、除气作业时，一般不准进行明火作业，如因生产急需，非明火作业不可时，必须

执行下列规定：1、预先申报，经轮机长同意，船长批准；2、测爆确认没有可燃气体；3、凡能拆卸的管系、机件等焊补作业，必须在电焊间或工作间内进行。在机炉舱内焊接无法拆卸的管系、机件时，必须关闭邻近的阀门，确认已其它舱室隔绝，并清洗、除气、测爆，清除现场的易燃物品，备妥足够的消防器械，派专人指挥及看火。"可是该轮轮机长在组织焊补检修时，既未经船长批准，又没有把破漏的管子拆下，移到电焊间操作，更没有采取必要的防火措施。[1]

首先，机工长由于违反安全管理规范而直接引发了危害结果，应当承担直接的业务过失的刑事责任，涉嫌构成重大责任事故罪。轮机长在组织焊补检修时，既没有妥当安排，也没有按规定报经船长批准，那么轮机长要承担这种间接的业务过失，即管理过失犯罪的刑事责任。另外，是大管轮将焊补污水泵的任务交给了机工长，大管轮在安排机工长进行相关工作后，是否需要对机工长进行具体的监督指挥，将对大管轮是否承担监督过失的刑事责任产生影响。如果大管轮需要对机工长的工作进行监督指挥，则大管轮也应当对危害结果的发生承担相应的监督过失的刑事责任，如果大管轮不需要对机工长的工作进行监督指挥，则可以根据信赖原则否定大管轮的监督过失的刑事责任。

信赖原则最早是在交通肇事案件中有所适用。西原春夫在《交通事故和信赖原则》中将信赖原则概括为："信赖原则，指交通关系的参加者对于其他交通关系参加者应该采取的适切行动持信赖态度的情况下，因为对方不适切的行为而导致事故发生者，行为人对此不承担责任的原则。"[2]对于交通肇事案件以外的场合是否可以适用信赖原则，学界也有不同的声音。神山敏雄教授指出，现代交通体系为了实现大量交通的顺畅化，要求交通参与者都必须遵守交通规则，但这一机能只有在其他交通参与者也都遵守了规则的前提下才能实现。应将信赖原则定位为特殊

---

[1] 中华人民共和国长江海事局编：《海上交通事故案例》，武汉理工大学出版社2011年版，第53—56页。
[2] 王玉钰：《信赖原则在中日交通肇事罪中适用之比较》，载《法学》2002年第3期，第36页。

交通政策下的一项特别恩典。[1]现阶段，多数学者主张包含监督过失在内的领域都可适用信赖原则阻却刑事归责。在此基础上将信赖原则表述为：在行为人实施某种行为的时候，如果有足够的理由相信被害人或者第三人采取适当的行动，即便由于被害人或者第三人的不适当的行为而引起了危害结果，行为人也不承担责任。[2]本书认为，在具有监管关系的场合下适用信赖原则须满足两方面条件。一方面，处于监管地位的人为直接行为人提供了安全的劳动环境，如果监管者设定了容易诱发监督者不适当行动的劳动环境，处于监管地位的人就不可能信赖被监督者会适当履行职责；另一方面，被监督者一方具有从事特定工作的能力与资格，通常情况下，被监督者的资格证书就是具有相应能力的证明，如果不存在技术水平低下，工作态度不负责任等明显的反对征兆，具有监督地位的行为人是可以信赖被监督者的。综上所述，在前述"大庆53"号油轮爆炸案中，由于轮机长在组织焊补检修时，既未经船长批准，又没有把破漏的管子拆下，移到电焊间操作，更没有采取必要的防火措施。可见，轮机长并未提供安全的劳动环境。所以，并不能适用信赖原则否定轮机长的管理过失的刑事责任，因此轮机长也涉嫌构成重大责任事故罪。如果机工长具有资质，并且在日常的工作中没有表现出技术水平低下、工作态度不负责等问题，大管轮是可以信赖机工长能够适当履职的，大管轮就不应当承担监督过失的刑事责任；但是，如果机工长在日常的工作中就表现出了工作态度不端正等问题，那么大管轮就应当亲自监督指挥机工长进行作业，而不能适用信赖原则免除自身的监督过失的刑事责任。

（二）基于体制缺陷管理过失涉嫌的犯罪

轮机长是具有监督与管理职责的轮机部安全负责人。轮机长的管理职责主要表现为：制定各种机电设备的操作规程、保养检修计划和值班制度、组织制订轮机部修船计划、编制修理单和预防检修计划。由于轮机长制订的规章制度存在缺陷，或者是由于轮机长没有制定规

---

[1] [日] 神山敏雄：《信赖の原则の限界に関する考察》，载《西元春夫先生古稀祝贺论文集（第二卷）》
[2] 黎宏：《日本刑法精义（第二版）》，法律出版社2008年版，第214页。

章制度而间接导致危害结果发生的，就应当考虑是否要追究轮机长管理过失的刑事责任。另外，应当注意的是，在管理过失领域，被管理者的过失行为并不是必备要素。虽然管理过失领域通常也会有介入因素的介入，但是介入因素不一定是第三人的过失行为，或者说，即使介入了过失行为也不一定构成刑法上的过失，另外，管理过失的介入因素也有可能是故意因素或者是第三人的故意的行为。在这样的背景下，判断管理过失行为人是否要对已发生的刑法构成要件危害结果承担刑事责任，需要通过考察管理过失行为是否是引起危害结果发生的主要原因力进行判断。综上所述，在轮机长制度设计的缺陷或者制度缺失的场合，要判断轮机长是否承担管理过失的刑事责任，就要看制度的缺陷或者缺失的问题是否是导致已发生的刑法构成要件危害结果的主要原因力，如果是，则肯定轮机长管理过失的刑事责任；如果不是，则应否定轮机长的刑事责任。

（三）基于物的缺陷管理过失涉嫌的犯罪

如前文所述，大管轮、二管轮以及三管轮分别在各自的职权范围内对相应的设备具有管理职权，由于设备障碍而导致发生水上交通事故，产生刑法构成要件危害后果的，就应考虑追究设备管理者的管理过失的刑事责任。例如，无人机舱在航行过程中，不用依靠轮机部成员的操作，驾驶台成员可以直接通过驾驶台对舵机进行控制，实现船舶航行。如果舵机由于没有被及时保养和维修的原因突然失灵，引发水上交通事故，产生刑法构成要件的危害后果时，对舵机具有管理职责的大管轮应当承担管理过失的刑事责任。由于轮机长是轮机部安全的总负责人，那么也应当考察轮机长是否具有监督管理过失。应当谨慎判断轮机长是否承担监督管理过失的刑事责任，因为在多数情况下，轮机长可能会因为信赖大管轮而阻却刑事归责。

另外，如上文所述，在监督过失领域，可以适用信赖原则。那么在管理过失领域，是否会有信赖原则的适用余地呢？具体来讲，在水上交通运输领域，具有安全管理体制制定职责的轮机长，是否可以信赖自己建立的安全管理体制有效发挥作用？具有相应设备管理职责的大管轮、二管轮等主体是否可以信赖自己管理的设备可以有效发挥作用？本书坚持认为，信赖原则的对象只可以是"人的行为"，而不能是"物质设备"或"组织制度"。信赖原则的本质是信赖对方会采取适当的行动防止结果的发生。信赖原则作为一种典型的分配注意义务的原则，是根据人的相互信任情感、共同责任心以及"社会连带感"产生的。其认为，既然人们共同生活于一个社会空间，那么，为了维持社会生活的和谐有序，每人都应当承担一些注意义务，而不能把注意义务只加于某一人，而且人们还应当彼此信任。[1]综上所述，轮机长不可主张信赖其所制定的制度的有效性而免责；大管轮、二管轮以及三管轮也不可主张信赖其所管理的设备会有效发挥作用而免责。

---

[1] 王玉钰：《信赖原则在中日交通肇事罪中适用之比较》，载《法学》2002年第3期，第35页。

第四章　航运安全监管过失刑事责任追诉的困境

追究航运安监人员监管过失的刑事责任是必要的也是可行的。然而在实践中，追究航运安监人员监管过失刑事责任时存在司法认定层面和司法程序层面的障碍。在司法认定层面，首先，刑事立法现有的可用来规制航运安全监管过失涉罪行为的罪名在入罪标准或升格法定刑标准的具体情节设定方面并没有体现出人员失踪的危害结果，也没有完全将行为人对危害结果发生所应承担的责任大小的情形考虑在内。其次，鲜有学者对航运安全监管过失刑事责任的根据——因果关系等问题进行系统研究。作为航运安监人员承担监管过失刑事责任的重要根据之一，航运安全监管过失犯罪的因果关系问题在审判实践中凸显出来，对航运安全监管过失犯罪因果关系问题的研究不容忽视。最后，在引发了刑法构成要件危害结果的水上交通事故中，承担航运安全监管过失刑事责任主体的界限不明确。在司法追诉程序层面，海事行政执法机关对于航运安全监管过失涉罪案件的调查和处理并不充分。除此之外，接收海事涉罪案件的司法机关并未从法律层面固定下来，使得海事行政执法机关的涉罪案件移送工作存在客观上的障碍。另外，现有的航运安全监管过失涉罪案件的审判模式也不利于实现对航运安全监管过失犯罪行为人正确定罪量刑。

第一节　刑事责任追诉的司法认定障碍

追究航运安监人员的监管过失刑事责任的客观障碍，一方面体现在可用来规制航运安全监管过失犯罪的刑法罪名的入罪标准或者升格法定刑标准的设置并不完善；另一方面，理论界对航运安全监管过失刑事责任根据问题鲜有研究，尤其体现在因果关系方面，导致司法实践中认定航运安全监管过失行为与水上交通事故之间是否具有刑法上的因果关系争议较大。除此之外，在航运安全监管过失涉罪案件中，通常情况下，实施了航运安全监管过失行为的主体往往有多个，而承担刑事责任的主体范围如何确定也是追究航运安全监管过失刑事责任的重要疑难问题。

一、入罪标准与升格法定刑标准不完善

可用来规制航运安全监管过失犯罪的罪名在入罪标准和升格法定刑标准层面的设定并不完善，主要体现在以下两个方面。

（一）"人员失踪"不是刑法构成要件危害结果

水上交通事故除了会造成人员伤亡、财产损失、水域环境污染的结果，还会造成人员失踪的危害后果。可以说，人员失踪是水上交通事故所造成的常态化结果。在民事领域，对于人员失踪的危害后果，失踪人的利害关系人可以通过法院申请宣告失踪人死亡。《中华人民共和国民法典》第46条规定："自然人有下列情形之一的，利害关系人可以向人民法院申请宣告该自然人死亡：（一）下落不明满四年；（二）因意外事件，下落不明满二年。因意外事件下落不明，经有关机关证明该自然人不可能生存的，申请宣告死亡不受二年时间的限制。"

在刑事领域，人员失踪并不是法定的构成要件危害结果。1992年10月30日由最高人民法院研究室颁布的《最高人民法院研究室关于遇害者下落不明的水上交通肇事案件应如何适用法律问题的电话答复》（以下简称《答复》）中指明"如有遇害者下落不明的，不能推定其已经死亡，而应根据被告人的行为造成被害人下落不明的案件事实，依照刑法定罪处刑"。但时至今日，不论是刑法文本还是相关司法解释，都没有将造成被害人下落不明的危害结果作为犯罪的入罪条件或量刑情节。水上人员落水失踪的危害性很大，失踪在很大程度上意味着死亡，尤其在水温较低、远离陆地的水域，落水人员生还的可能性微乎其微，而多人落水失踪危害结果更为严重。另外，鉴于航运安全监管过失犯罪是一种过失犯罪，

以危害结果的发生作为犯罪成立的条件,所以,本书认为,应当将满足一定数量的人员失踪结果作为航运安全监管过失犯罪的刑法构成要件的危害结果,否则则有纵容航运安全监管过失犯罪之嫌。

(二)定罪和量刑层面缺少对责任大小的界定

考察航运安全监管过失犯罪所涉的重大责任事故罪、强令违章冒险作业罪、重大劳动安全事故罪以及玩忽职守罪的入罪标准和升格法定刑标准的具体内容,都在一定程度上缺少对行为人责任大小的界定。例如,《最高人民法院、最高人民检察院关于办理危害生产安全刑事案件适用法律若干问题的解释》(法释〔2015〕22号)第6条对重大责任事故罪、强令违章冒险作业罪、重大劳动安全事故罪的升格法定刑的标准规定为"造成死亡三人以上或者重伤十人以上,负事故主要责任的;造成直接经济损失五百万元以上,负事故主要责任的;其他造成特别严重后果、情节特别恶劣或者后果特别严重的情形"。可见,重大责任事故罪、强令违章冒险作业罪以及重大劳动安全事故罪的升格法定刑的标准考虑到了行为人对危害结果所承担责任的大小。但是,该司法解释第6条对重大责任事故罪、强令违章冒险作业罪、重大劳动安全事故罪的入罪标准仅规定为"造成死亡一人以上,或者重伤三人以上的;造成直接经济损失一百万元以上的;其他造成严重后果或者重大安全事故的情形"。而没能规定行为人对危害结果所应承担责任的大小。另外考察玩忽职守罪,2013年1月9日起实施的《最高人民法院、最高人民检察院关于办理渎职刑事案件适用法律若干问题的解释(一)》第1条的规定,玩忽职守罪的入罪标准为:"(一)造成死亡1人以上,或者重伤3人以上,或者轻伤9人以上,或者重伤2人、轻伤3人以上,或者重伤1人、轻伤6人以上的;(二)造成经济损失30万元以上的;(三)造成恶劣社会影响的;(四)其他致使公共财产、国家和人民利益遭受重大损失的情形。"升格法定刑的标准为:"(一)造成伤亡达到前款第(一)项规定人数3倍以上的;(二)造成经济损失150万元以上的;(三)造成前款规定的损失后果,不报、迟报、谎报或者授意、指使、强令他人不报、迟报、谎报事故情况,致使损失后果持续,扩大或者抢救工作延误的;(四)造成特别恶劣社会影响的；（五）其他特别严重的情节。"玩忽职守罪的入罪与升格法定刑的标准都没有将国家机关工作人员玩忽职守的行为对危害结果发生所起的作用的大小考虑在内。

应当注意的是，由于交通各方参与者都可能存在违规行为，都可能成为引发交通事故的原因，所以，对交通肇事涉罪主体进行定罪和量刑考虑到了其对危害结果发生所应承担的责任的大小。《最高人民法院关于审理交通肇事刑事案件具体应用法律若干问题的解释》第2条规定："交通肇事具有下列情形之一的，处三年以下有期徒刑或者拘役：（一）死亡一人或者重伤三人以上，负事故全部或者主要责任的；（二）死亡三人以上，负事故同等责任的；（三）造成公共财产或者他人财产直接损失，负事故全部或者主要责任，无能力赔偿数额在三十万元以上的。交通肇事致一人以上重伤，负事故全部或者主要责任，并具有下列情形之一的，以交通肇事罪定罪处罚：（一）酒后、吸食毒品后驾驶机动车辆的；（二）无驾驶资格驾驶机动车辆的；（三）明知是安全装置不全或者安全机件失灵的机动车辆而驾驶的；（四）明知是无牌证或者已报废的机动车辆而驾驶的；（五）严重超载驾驶的；（六）为逃避法律追究逃离事故现场的。"第4条规定："交通肇事具有下列情形之一的，属于'有其他特别恶劣情节'，处三年以上七年以下有期徒刑：（一）死亡二人以上或者重伤五人以上，负事故全部或者主要责任的；（二）死亡六人以上，负事故同等责任的；（三）造成公共财产或者他人财产直接损失，负事故全部或者主要责任，无能力赔偿数额在六十万元以上的。"

而在航运安全监管过失犯罪领域，在多数情况下，航运安全监管过失行为人的监管过失行为也并不是危害结果发生的唯一原因，航运安全监管过失行为通常是和其他因素在一起相互作用而共同引发危害结果。例如，在"大舜"号案件中，烟大公司海监室安监员范世会未对车辆捆绑工作进行妥善监督的过失行为与"大舜"号违规出航的行为，以及船长决策失误的行为共同作用而引发了危害结果，而要对航运安全监管过失涉罪行为人正确定罪量刑，就应当借鉴交通肇事罪的相关规定，在定罪和量刑层面明确责任的大小。

二、刑事责任认定的根据研究不充分

在司法审判实践中，通常要结合航运安全监管过失犯罪的危害行为、危害结果以及因果关系来认定航运安全监管过失犯罪行为人是否要承担航运安全监管过失犯罪的刑事责任。然而，理论界对上述影响航运安全监管过失刑事责任的构成要件要素的研究并不充分。首先，行为是犯罪的重要依据，没有犯罪的危害行为就不能让行为人承担航运安全监管过失刑事责任。航运安全监管过失涉罪行为人的危害行为表现为违反航运安全监管职责的行为，通常表现为应当履行监管职责的作为义务而不履行，行为表现形式为不作为。航运安全监管过失犯罪行为人可能实施了多个违反航运安全监管职责的不作为，但是对引起危害结果起作用的某一个或几个不作为才可认定为具有刑法意义的危害行为，才可能成为行为人承担航运安全监管过失刑事责任的根据。对于过失犯罪来说，法定的危害结果是行为人承担刑事责任的前提，对于航运安全监管过失犯罪来说也不例外。除了航运安全监管过失犯罪的危害行为与危害结果，刑法上因果关系是否存在是司法实践中影响航运安全监管过失犯罪行为人是否承担刑事责任的重要依据。实践中往往对航运安全监管过失涉罪行为人的危害行为与危害结果之间是否具有因果关系存在争议。例如，2016年11月22日，山东省寿光市人民法院认定山东潍坊海事处的刘某某与王某某在进行现场安全检查的活动中，因未充分履行对船舶安全的监督管理职责，致使1人死亡，5人失踪，给国家和人民利益造成重大损失。法院以玩忽职守罪追究了两被告的刑事责任。该案中被告人的辩护人提出了被告人的玩忽职守的行为与损害后果之间不具有刑法意义上的因果关系的辩护意见，辩护人指出："上诉人的职务行为与损害后果之间的因果关系属于复杂因果关系中的'多因一果'，且出现因果关系的中断和弱化等情形。"[1]作为航运安全监管过失犯罪刑事责任的重要根据之一，因果关系的问题在审判实践中凸显出来，因此，对航运安全监管过失犯罪的因果关系进行重点研究是必不可少的。

---

[1] 参见（2016）鲁0783刑初440号；（2016）鲁07刑终554号。

三、刑事责任的追诉范围模糊不清

本书研究的航运安全监管过失行为是导致水上交通事故发生的间接原因，然而如何确定承担航运安全监管过失刑事责任的主体是司法实践面临的突出问题。具体来讲，主要涉及以下五个方面的问题。问题一：对生产经营承担安全监管职责的船舶经营单位与船舶实际控制人是承担航运安全监管职责的主体，海事等行政执法人员作为安全监管的最后一道防线，对航运安全具有最后的保障作用，那么在发生水上交通事故的场合，究竟是追究船舶经营单位的相关责任人员或者船舶实际控制人的刑事责任，还是应当追究海事等政府行政执法人员的航运安全监管过失犯罪的刑事责任？问题二：在对船舶进行现场检查的工作中，如果有两个以上安监人员共同履行船舶安全检查职责，共同违反了航运安全监督管理职责，而引发刑法构成要件危害结果的，那么承担航运安全监管过失刑事责任的主体如何确定？理论依据是什么？问题三：如果船舶经营单位的监管人员或者海事等政府执法人员进行安全隐患排查工作，但是其没有对检查事项的最终处理权，那么就需要将执法情况如实汇报给上级，由上级作出最后的处理决定，那此时航运安全监管过失刑事责任的主体如何确定？问题四：对于危害结果较大或者巨大，或者产生了恶劣社会影响的航运安全监管过失案件，承担航运安全监管过失刑事责任的主体不仅要考虑到对危害结果具有实际监督权限的上级，对危害结果的发生并不具有直接的监督权，而具有间接的管理权的相关责任人员也可能成为航运安全监管过失犯罪的主体，相关管理责任人由于怠于履行航运安全管理职责而应承担相应的刑事责任，那么此时刑事责任的追诉层级应当如何确定？问题五：在水上交通事故案件中，应当承担航运安全监管过失刑事责任的主体可能有多个，即存在航运安全监管过失刑事责任的竞合问题，那么在这种情况下，各主体承担刑事责任的大小和依据又是什么？

第二节 刑事责任追诉的司法程序障碍

海事行政执法机关具有水上交通事故的调查职责，但是在涉及船舶实际控制人与船舶经营单位相关责任人员的监管过失涉罪案件时,海事行政执法机关的调查与处理工作并不充分,阻却了航运安全监管过失涉罪案件的司法移送渠道。同时,海事行政执法人员鲜有对涉嫌构成航运安全监管过失犯罪的海事行政执法人员的渎职行为进行充分调查,加之检察机关对航运实践缺乏了解,往往也会加剧航运安全监管过失涉罪案件遗留在刑事诉讼程序之外的现象发生。除此之外,法律对于接收航运安全监管过失涉罪案件的司法机关的规定并不明确,易导致各司法机关相互推诿职责的现象产生,这也是追究航运安监人员监管过失刑事责任所要面对的客观障碍。最后,虽然航运安全监管过失涉罪案件可能最终进入了司法审判程序,但是在现有体制下,引起水上交通事故发生的直接涉罪行为与导致水上交通事故发生的间接的监管过失行为分属于不同法院进行审理,既浪费了司法资源,也不利于对航运安全监管过失犯罪行为人进行准确的定罪量刑。

一、涉罪案件的发现机制存在漏洞

《水上交通事故调查处理指南》(海办〔2001〕71号)提出了水上交通事故调查处理的定义和目的,即"为消除事故隐患,防止类似事故的重复发生,海事机关应对水上交通事故进行调查和处理。水上交通事故调查是为查明水上交通事故发生的原因、经过、造成损害的程度、范围,确定事故的性质和判明事故当事人的责任而依法进行的一系列活动。调查水上交通事故,应首先运用勘查、拍照、查询、鉴定、检验等手段收集证据,然后分析包括人为因素在内的与事故有关的所有因素,研究水上交通事故发生的各个细节;判明事故原因;判明当事各方及有关人员责任。"由此可知,对水上发生的交通事故进行调查取证,查明引发事故的所有相关因素是海事行政执法机关的职责。引发事故的人为因素,不仅包含船舶驾驶人员违反水上交通运输法规、直接操作者违反安全生产相关规定的行为,安监人员的监管失职行为也可能是导致事故发生的重要原因。然而,海事行政执法机关针对安监人员监管过失涉罪行为的调查和处理存在缺陷,导致安监人员监管过失涉罪案件被阻却在刑事诉讼程序之外。详言之,在船舶驾驶员违反水上交通运输规则,或直接操作人员违反安全生产的相关规定造成了严重危害后果，涉嫌构成犯罪，而船舶经营单位或海事行政执法人员也对肇事船舶存在监管缺位，对事故的发生起到间接作用的场合，海事行政执法机关会在事故调查报告中的"安全管理建议"部分只是建议当地海事行政执法机关加强对船舶经营单位的监管，有意或无意地忽视了对船舶经营单位或海事行政执法人员监管过失涉罪行为进行详细调查。

一方面，我国《水上交通事故调查处理指南》（海办〔2001〕71号）"1.6 水上交通事故管辖"规定："水上交通事故的管辖以属地管辖为主，指定管辖为辅。1）发生在海事机关管辖水域内的水上交通事故，由事故发生地海事机关管辖，如船舶、设施发生事故后驶往其它港口，到达港的海事机关应协助事故发生地海事机关的调查，后者可申请上级机关指定前者调查。2）船舶、设施在海事机关管辖以外水域发生事故，由就近的海事机关或船舶到达我国第一个港口的海事机关管辖，如事故涉及两艘及以上船舶，将有两个或以上第一到达港，则由所涉及的第一到达港海事机关协商，或联合调查，或以一方为主、其余协助的方式调查。3）中国籍船舶在我国管辖水域以外发生的水上交通事故，船籍港海事机关应进行调查，如涉及前款所述第一到达港海事机关，由第一到达港海事机关调查，第一到达港海事机关调查后，应向船籍港海事机关通报调查情况。4）有关海事机关对水上交通事故的管辖不明或发生争议的，应报请共同上级海事机关，由上级海事机关指定管辖。"由此可知，我国水上交通事故的管辖以属地管辖为主，指定管辖为辅。在水上交通事故发生后，通常是由事故发生地海事行政执法机关管辖，进行水上交通事故的调查工作。

而根据《中华人民共和国航运公司安全与防污染管理规定》第3条的规定："交通部主管全国航运公司安全与防污染工作。中华人民共和国海事局依照本规定对航运公司安全与防污染活动实施监督管理。有关海事管理机构依照中华人民共和国海事局确定的职责权限，具体负责本辖区航运公司安全与防污染活动的监督管理。"由此可知，海事行政执法机关负责本辖区内的船舶经营单位的监管。这就极易产生管辖错位的问题：当肇事船舶所属的船舶经营单位不在负责事故调查的海事行政执法机关的辖区内时，对船舶经营单位的监管情况的调查就存在一定的困难，通常需要依靠对船舶经营单位具有监管权的其他海事行政执法机关的协助。例如，2015年10月21日，武汉籍内河散货船"荣江2003"轮在山东东营辖区水域沉没，造成3人死亡，2人失踪，构成较大水上交通事故。经调查发现，武汉长航凤凰股份有限公司在知道武汉泰润航海服务有限公司不具备水路运输经营资质的情况下，将"荣江2003"轮出租给武汉泰润航海服务有限公司进行管理。武汉泰润航海服务有限公司非法经营，安排内河船舶、组织无适任资格人员超航区参与沿海砂石运输活动。[1]在这起"'荣江2003'轮沉没案"中，为了进行事故调查，山东海事局向长江海事局发送了《关于协助调查长航凤凰股份有限公司和武汉泰润航海服务有限公司安全管理情况函》，在该文件中，山东海事局提出："为全面调查事故原因，做好事故调查处理工作，我局拟派三名海事调查官前往长航凤凰股份有限公司和武汉泰润航海服务有限公司调查安全管理情况，请贵局协助为盼。"由此可以看出，海事行政执法机关对航运企业监管情况的调查工作具有跨地域的障碍，存在一定工作难度。

另一方面，海事等政府行政执法部门中安监人员的监管失职行为也可能成为水上交通事故发生的重要原因。但是负责调查事故原因的海事行政执法机关却鲜有在调查报告中直接指出海事行政执法人员的监管失职行为。在"寿海188"轮与"冀滦渔03840"轮碰撞的调查报告中，海事行政执法机关指出事故的直接原因是"寿海188"轮未保持正规瞭望、未能及早采取大幅度的避让行动。事故的间接原因则有3点：首先，"寿海188"配员不足，驾驶指挥人员不适任；其次，"寿海188"轮船舶经营单位寿光祥龙航运有限公司对船舶疏于管理；最后，"冀滦渔03840"轮配员不足，未保持正规瞭望。海事行政执法机关没有指出海事行政执法人员的监管失职行为是导致事故发生的重要原因，并且在调查报告的"对相关责任人处理意见"部分也没有提及要对相关海事行政执法人员进行处理，只是在调查报告的最后一部分"安全管理建议"中提到"建议当地海事管理部门加强对寿光

---

[1] 该案例由笔者调研所获。

祥龙航运有限公司监督管理工作，责令该公司尽快建立安全管理体系".[1]在海事行政执法机关将"寿海188"轮的两名驾驶人员邢建新、刘吉祥所涉的交通肇事案移送到公安机关，再由公安机关移送到检察院之后，检察院对相关海事行政执法人员的监管失职行为进行了进一步调查，并代表国家对刘元芳、王德政、李中术提起了公诉，最后法院认定上述人员构成渎职犯罪。[2]在这起水上交通肇事案件的背后，之所以发现并惩治了海事行政执法人员的监管过失犯罪行为，很大程度上是由于调查报告的"安全管理建议"中提及的"建议当地海事行政执法机关加强监管"的内容。否则，海事行政执法人员的监管过失犯罪行为不易被发现。实际上，在直接行为人违反法律法规的涉罪行为作"掩护"、海事行政执法机关在调查时"刻意避免"提及海事行政执法人员的监管失职行为、加之检察机关对海事专业知识不甚了解而过分依赖海事调查报告的场合，海事行政执法人员的涉罪行为就很容易被阻却在刑事法网之外。

二、涉罪案件的司法移送渠道不畅

海事行政执法机关在对航运安全监管过失案件进行调查之后，应当将涉罪的案件移送至司法机关。而可能接受航运安全监管过失涉罪案件的司法机关无外乎以下三类：交通公安机关[3]、海警部门[4]以及地方公安机关。交通运输部在2017年6月22日印发的《海事管理机构移送违法案件程序规定》的第14条规定："海事管理机构查处的违法行为涉嫌构成犯罪，按照法律规定需要追究刑事责任的，应当依法向公安机关移送。移送一般按照就近和同级移送的原则进行。"但是这样的规定缺乏实践操

---

[1] 参见《唐山"10·27""寿海188"轮与"冀滦渔03840"轮碰撞事故调查报告》。
[2] 参见（2016）鲁0783刑初440号刑事判决；（2016）鲁07刑终554号刑事裁定；（2016）鲁0783刑初499号刑事判决。
[3] 本书所称的交通公安机关是指海事公安局、港口公安局、航运公安局，由公安部治安管理局领导。
[4] 2018年6月22日，第十三届全国人民代表大会常务委员会第三次会议通过了《关于中国海警局行使海上维权执法职权的决定》，该决定指出海警队伍整体划归中国人民武装警察部队领导指挥，调整组建中国人民武装警察部队海警总队，称中国海警局，中国海警局统一履行海上维权执法职责。本文所称的海警部门就是组建后的中国海警局。

作性，对航运安全监管过失涉罪案件的移送起不到应有的指导作用。一方面，上述规定中的"公安机关"内涵不明，实际上，交通公安机关也属于广义上的公安机关。另一方面，鉴于海警部门具有海上维权执法权能，因此也具有公安机关的性质。所以，在现有的地方公安机关、交通公安机关、海警部门并存的情况下，容易产生各公安部门之间相互推诿的现象，海事行政执法机关涉罪案件移送的难题并未得到妥善解决。[1]

三、涉罪案件的司法审判机制不合理

水上交通事故的发生不仅是由船舶驾驶人员违反水上交通运输规则的行为或者船上操作人员违反安全操作相关规定的行为直接导致的，也可能是由具有航运安全监管职责的安监人员的监管过失行为间接所致的。通常情况下，安监人员的监管过失行为是导致事故发生的间接原因，而直接行为人违反水上交通运输规则的行为或者违反安全管理相关规定的行为是导致事故的直接原因。在司法审判中，应当结合直接原因与间接原因对危害结果发生所起的作用的大小，分别对被告人进行定罪量刑。而现阶段，对于直接引发水上交通事故涉罪行为的审理，与间接引发水上交通事故的航运安全监管过失涉罪行为的审理是分开进行的。以"寿海188"轮与"冀滦渔03840"轮碰撞案[2]为例，在这起船舶交通肇事案件中，根据犯罪行为的发生地不同，直接行为人的涉罪行为由河北省秦皇岛市海港区人民法院审判，而安监人员的监管过失涉罪行为则由山东省寿光市中级人民法院审判。将造成同一危害结果的不同犯罪行为分由不同的法院进行审理，不仅会导致审判效率低下，司法资源的浪费，同时也不利于法官正确、全面认定案件。

---

[1] 赵微、姚瑶：《海事涉罪案件行刑衔接疑难问题研究》，载《人民检察》2018年第1期，第34页。

[2] 2013年10月27日，"寿海188"轮与"冀滦渔03840"轮碰撞，事故造成后者船上1人死亡，5人失踪。秦皇岛市海港区人民法院以交通肇事罪对"寿海188"轮2名值班驾驶人员判处3年6个月有期徒刑。山东省寿光市人民法院一审判处被告人刘某与王某构成渎职犯罪，二审维持原判。参见（2016）鲁0783刑初440号，（2016）鲁07刑终554号。

第五章　航运安全监管过失刑事责任追诉的客观根据

犯罪构成四要件与《刑法》第13条犯罪概念相结合是我国传统的认定犯罪成立的模式。然而，这种传统的认定方式并不能为出入罪提供完善的标准。比如，虽然正当防卫与紧急避险也可能同时满足犯罪构成四要件，但是，正当防卫和紧急避险并不是犯罪。另外，犯罪构成四要件体系体现出的"主客观相统一"的原则极易导致定罪中的主观化，"如果从主观到客观认定犯罪，即先考虑行为人，再分析行为人的心理状态，进而追查行为人实施了何种行为，侵犯了何种法益，难以避免'先抓人，后填补事实'的现象。"[1]即使是过失犯罪，司法实践中应当关注的也是行为人在故意的心态下所实施的行为。行为人实施了违反注意义务的行为，并由此引发了刑法构成要件的危害结果，在此情形下，追究行为人的刑事责任才是正当的。因此，我们在研究航运安全监管过失刑事责任根据的问题时，将研究对象限定在航运安全监管过失犯罪的实行行为、危害结果以及因果关系中。

第一节　航运安全监管过失犯罪的实行行为

航运安全监管过失犯罪的主观方面表现为过失，而对于过失犯罪是否具有实行行为理论上素有争议。例如，有学者指出，否认过失犯有实行行为，并不意味着对过失犯无法归责，只要行为人的行为给社会造成了危害结果，并且行为人对危害结果的发生具有主观上的过错，就足以

---

[1] 张明楷：《刑法学》，法律出版社2003年版，第137页。

令其对危害结果承担刑事责任。[1]论者不仅给出了鲜明的否定性观点,并指出如要对过失犯进行归责,只需要考虑行为是否造成了危害结果,在此基础上再考量行为人是否主观上有过错。但本书认为,认可过失实行行为的存在是正当且必要的。一方面,无论是故意犯还是过失犯,行为人的危害行为与危害结果之间存在客观层面的因果关系,是对行为人进行归责的前提,如果否定行为人危害行为的客观存在,那么就无法说明归责这种价值判断的正当性。然而,刑法中的因果关系指的是实行行为与危害结果之间的关系,而不是预备行为与危害结果之间的关系。所以,在承认因果关系对归责不可缺少的情形下,就必须承认实行行为的存在,在过失犯中也无法例外。另一方面,新过失论将结果回避义务作为过失犯的核心,认为过失犯罪的成立不仅要求主观上应当具有对于结果的预见可能性,并在此基础上要求行为人未履行结果回避义务,而结果回避义务内容实际上就是过失犯罪的实行行为。基于此,在航运安全监管过失犯罪领域,无论是交通肇事罪、重大责任事故罪、强令违章冒险作业罪、重大劳动安全事故罪还是玩忽职守罪都存在实行行为。

一、航运安全监管过失犯罪实行行为的定义

对实行行为的概念进行考察与分析,是对航运安全监管过失犯罪实行行为进行探讨的必要前提。

(一)实行行为定义

我国的刑法理论通说认为,犯罪的实行行为,是指"刑法分则中具体犯罪构成客观方面的行为"[2]。一般来说,刑法分则所规定的构成要件行为是实行行为[3],如故意杀人罪的实行行为就是"杀人",抢夺罪的实行行为就是"抢夺他人财物"。

然而,仅从形式上定义实行行为,并不能为司法实践中正确界定犯

---

[1] 周铭川、黄丽勤:《论实行行为的存在范围与归责原则的修正》,载《中国刑事法杂志》2005年第5期,第16—17页。
[2] 张明楷:《刑法学》(第四版),法律出版社2011年版,第146—147页。
[3] 张明楷:《刑法学》(第四版),法律出版社2011年版,第146页。

罪的实行行为提供可参照的标准。例如，甲基于杀人的故意，给乙买了一张机票，希望乙乘坐的飞机坠毁，从而造成乙死亡。虽然飞机坠毁的概率很低，但实际上坠毁的事实仍然发生了。由于故意杀人罪只规定了"杀人"是故意杀人罪的实行行为，而没有规定什么样的行为是"杀人"行为。因此，就无法界定案例中甲基于杀人的故意而怂恿乙乘坐飞机的行为是否具有刑法上的意义，是否可以评价为故意杀人罪中的"杀人"行为。由此，也就无法证明这样的行为是否应当成为行为人承担刑事责任的依据。

　　结合构成要件实质化的思路，要判定行为是否应当成为行为人承担刑事责任的依据，就应当对刑法客观构成要件的实行行为进行实质性的评价。德国学者罗可辛教授提出的客观归责理论可为实行行为的实质化判断提供标准。罗可辛教授提出根据行为是否"创设了法不允许的危险"来对实行行为进行实质性判断。并认为只有"创设了法不允许的危险"的行为才可以被评价为实行行为，但是罗可辛教授并没有直接给出"创设法不允许的危险"的正向的判断标准。而是根据一系列反向规则，将"未创设法不允许危险"的行为排除在外。其认为，降低危险的行为不属于"法所不允许的危险"的行为。所谓降低危险，主要包括两种情况：一种是单纯地降低危险行为，如甲看见一块石头砸向乙的头，出手挡石头，以致石头砸伤乙的脚的情况。另一种是替代性的风险行为，即以一种较小的风险替代本来发生的较大的风险。例如，甲为了救陷于火海中的孩子乙，将乙抛出窗外，致乙重伤。上述两种行为均没有制造不被允许的危险，尽管也没有避免危险的最终发生，但是都在一定程度上使原有的危险程度有所减弱，因此不具有客观上的可归责性。另外，非制造危险的行为也不属于"法所不允许的危险"的行为。所谓非制造危险，是指行为人的行为固然不是降低风险，但也没有在法所重视的范围内提高风险，而只是促成一般社会上认可的正常的行为，则可阻却构成要件。这种行为虽然促成了某种风险，但那种风险是一般的生活风险，是社会相当而法律所不禁止的，例如怂恿他人登高山、潜泳等。另外，罗克辛教授提及假设的因果流程并不能排除现实存在的危险，因此，行为人亦不能以有代位行为人为由，而主张其行为排除归责。

综上可知，形式上，实行行为不仅是满足刑法分则客观方面的构成要件的行为；实质上，实行行为也必须是"创设法不允许危险"的行为。实行行为的正确界定，不仅需要对实行行为的内涵进行确定，也需要正确认识实行行为的外延范围。这就要求我们明确实行行为与预备行为、危害行为以及犯罪行为这些相关概念的区别和联系。

第一，实行行为与预备行为的区分。预备行为是为了犯罪，准备工具、制造条件的行为。而鉴于部分预备行为的严重危害性，我国刑法不仅处罚实施了实行行为的行为人，也处罚部分只实施了预备行为的行为人。由此可知，实行行为与预备行为都是可以引起法益侵害危险的行为，实行行为具有侵害法益的急迫危险，而预备行为也是具有侵害法益的危险的行为，否则，就难以说明刑法对预备行为进行处罚的依据。我国刑法对犯罪预备的处罚分为两种形式。其一，我国刑法分则是以犯罪既遂为模型对法条进行设计，对于没有造成损害结果的犯罪预备行为，应结合刑法总则关于预备行为的处罚规定，可以比照既遂犯从轻，减轻或者免除处罚。其二，刑法分则将一些具有严重危害性的预备行为独立成罪，此时，对预备行为的处罚不需要依靠刑法总则关于预备犯罪的处罚规定，只需依照刑法分则规定的法定刑直接定罪处罚，例如，《刑法》第120条之二独立规定了准备实施恐怖活动罪："有下列情形之一的，处五年以下有期徒刑、拘役、管制或者剥夺政治权利，并处罚金；情节严重的，处五年以上有期徒刑，并处罚金或者没收财产。（一）为实施恐怖活动准备凶器、危险物品或者其他工具的；（二）组织恐怖活动培训或者积极参加恐怖活动培训的；（三）为实施恐怖活动与境外恐怖活动组织或者人员联络的；（四）为实施恐怖活动进行策划或者其他准备的。有前款行为，同时构成其他犯罪的，依照处罚较重的规定定罪处罚。"对行为人的预备行为进行定罪处罚，不需要产生实害结果，由此也不需要对行为人的行为与危害结果之间的因果关系进行判定。另外，虽然预备行为与实行行为都可成为承担刑事责任的依据，但并不是所有的犯罪都存在预备行为，由于过失犯罪不存在犯罪的停止形态，因此，过失犯罪就没有预备行为。

与预备行为不同，实行行为作为刑法理论中重要的基本概念，具有多种机能。首先，我国刑法分则的大部分条文是以实行行为作为核心内容展开，故而实行行为也是被告人承担刑事责任的根据，没有实行行为就无法认为对被告人进行定罪处罚是正当的；其次，实行行为是因果关系的重要组成部分，认定因果关系是否存在时离不开对实行行为的判断；最后，在共同犯罪中，行为人是否实施了实行行为是区分正犯（实行犯）与共犯（教唆犯与帮助犯）的关键，实施了实行行为的人是正犯，而未实施实行行为，仅教唆正犯产生犯罪意图或者为正犯提供帮助的行为人是共犯。

第二，危害行为与犯罪行为的区分。我国刑法中的危害行为，是指在人的意志或者意识支配下实施的危害社会的身体动静。[1]可见，刑法中的危害行为就是指危害社会的行为，质言之，就是指侵害法益或者具有侵害法益危险的行为。鉴于在刑法视角下所研究的实行行为与预备行为都是具有侵害法益的危险行为，所以，实行行为与预备行为在实质上都可以被称为危害行为。但是危害行为与犯罪行为又有不同。在以往的一些论著中，有的论者往往将作为犯罪客观要件的危害行为等同于犯罪行为，如指出"危害行为，亦称犯罪行为，即指行为人故意或者过失实施的，为刑法所禁止的，具有一定社会危害性的行为"[2]。

实际上，危害行为与犯罪行为是两个截然不同的概念，一个行为如果是危害行为那么它不一定是犯罪行为，但如果一个行为是犯罪行为，那么这个行为就一定是危害行为。根据以违法和责任为支柱的阶层的犯罪论体系，可以将危害行为与犯罪行为进行区分。危害行为是满足违法性要件的行为，而犯罪行为不仅满足违法性要件，也满足有责性要件。在违法性判断层面，不仅要判断行为是否符合刑法分则的具体犯罪的构成要件，也要求行为不具有正当防卫以及紧急避险等违法阻却事由，若行为满足了上述两个条件，则可认为行为是危害行为。因此，我们认为13周岁的人实施的盗窃财物的行为是危害行为，无法辨认和控制自己行为的精神病患者的杀人行为也是危害行为，对于危害行为我们可以正当

---

[1] 高铭暄、马克昌主编：《刑法学》（第五版），北京大学出版社、高等教育出版社2011年版，第63页。

[2] 高铭暄、马克昌主编：《刑法学》（第五版），北京大学出版社、高等教育出版社2011年版，第63页。

防卫也可以紧急避险。而犯罪行为不仅要求行为具有违法性，还要求行为具有有责性。如果行为人缺乏责任能力、缺乏违法性认识的可能性或者缺乏期待可能性，则认为行为人的行为只成立停留在违法性层面上的危害行为，而不能成立犯罪行为。只有行为人的行为在成立危害行为的基础上，行为人具有责任能力、违法性认识可能性与期待可能性，才可将行为人的行为认定为犯罪行为。

（二）航运安全监管过失犯罪的实行行为

结合实行行为的定义可知，在形式上，航运安全监管过失犯罪的实行行为是违反航运安全监管相关注意义务的行为；在本质上，航运安全监管过失犯罪的实行行为是造成法益侵害结果出现的概率实质性升高的行为。

1. 形式层面

如前文所述，实行行为是"刑法分则中具体犯罪构成客观方面的行为"。而刑法分则对自然犯[1]和法定犯[2]实行行为的描述则有根本性的不同。对于自然犯，罪状的描述较为具体，如抢劫罪的罪状表述为："以暴力、胁迫或者其他方法抢夺公私财物的……"但是法定犯罪状中的实行行为缺乏类型化，如重大责任事故罪的罪状表述为："在生产、作业中违反有关安全管理的规定，因而发生重大伤亡事故或者造成其他严重后果……"法定犯的实行行为的具体判断无法依据刑法条文直接得出，而应结合相关的行政法律法规，或者其他的规范性文件规定的注意义务进行判断。在航运安全监管过失犯罪领域，要对具有监督管理职责人员所涉的航运安全监管过失犯罪的实行行为进行界定，就应当结合与航运安全有关的行政法律法规，或者其他规范性文件。另外，违反注意义务只是抽象的规范评价，以重大责任事故罪为例，损害结果的发生并不是"违反相关安全生产管理法规"这个抽象的规范评价所致，直接的致害载体是具体的违规行为，例如，"未对已具有安全隐患的船舶动力系统进行

---

[1] 自然犯是指违反道义、伦理的犯罪，如故意杀人罪、强奸罪等。
[2] 法定犯是因违反行政、经济管理法规而构成的犯罪，如交通肇事罪、重大责任事故罪等。

及时维修"才可以成为航运安全监管过失犯罪的实行行为。

在司法实践中，要对航运安全监管过失犯罪实行行为进行具体的界定，就要将具有监督管理职责的人员不履行或者不充分履行航运安全监管职责的事实，与危害结果产生的具体原因进行对应，判断何种具体违反注意义务的行为引起了最后损害结果的发生，由此，最终判定航运安全监管过失犯罪的实行行为。例如，2012年11月27日，先锋船务有限公司所属"先锋118"轮在绥中海域沉没。船上人员5名，4人获救，1人失踪。经调查，导致事故发生的直接原因在于"先锋118"轮在航行途中遭遇大风浪恶劣天气，甲板持续上浪，货舱大量进水且排水不畅，从而造成船舶失去储备浮力。而陶光辉作为该轮的实际控制人，非法经营管理船舶，且为船舶配备不适任船员，并且该轮的2个货舱均未配有风雨密舱盖板或等同风雨密设备，船舶并不适航。[1]该案中，造成事故产生的原因是船舶在进水的情况下排水不畅，所以，即使查明了被告人有多项违反安全生产管理法规的行为，那也不能将其认定为刑法意义上的实行行为，由此，不能将"非法经营管理船舶，且为船舶配备不适任船员"认定为被告人监管过失犯罪的实行行为，而应当将"未为货舱配备风雨密舱盖板或等同风雨密设备"认定为监管过失犯罪的实行行为。

构成航运安全监管过失犯罪，是以其违反有关安全监管的相关行政法律法规等规范性文件为前提的。但是，航运安全监管人员对注意义务的违反并不必然会导致其受到刑事处罚。仅以规范性文件为依据判断行为人是否违反了客观层面的注意义务，还并不足以对航运安全监管过失犯罪的实行行为进行界定。正如学者所言，"注意义务之违反"在过失的构成上并无实际的过滤功能。后果严重的是，如果仅以所谓注意义务的违反作为过失的构成要件，则过失责任的认定不免流于泛滥。[2]基于此，应当进一步考虑，究竟应当满足何种条件，违反注意义务的行为才可以成为被刑法关注的实行行为。换言之，除要求航运安全监管过失犯罪在形式上要违反注意义务的具体要求以外，我们必须在实质层面对航运安

---

[1] 参见《辽宁海事局关于葫芦岛"11·27""先锋118"轮沉没事故的结案报告》。
[2] 黄荣坚：《基础刑法学》，元照出版社2006年版，第412页。

全监管过失犯罪的实行行为进行考量。

2. 实质层面

随着监管过失犯罪理论的引入，以及司法实务中监管过失犯罪案件不断地出现，在过失犯罪中，不仅过失的实行行为与危害结果直接的引起与被引起的关系受到关注，监管过失行为人对危害结果的间接作用也进入了刑法的视线。在监管过失犯罪中，具有监管职责的人员未履行或未充分履行监管义务的过失行为间接引发了危害结果。实际上，监管过失行为并不必然引发危害结果，只是为事故的发生埋下了安全隐患，在一定程度上提升了危害结果出现的概率。这种行为与危害结果出现的概率之间的关系，被罗可辛教授所关注，其提出了风险升高理论，并指出，如果根据事前已存在的规范和事后所获悉的资讯判断，降低结果风险的禁止规定应该是有用的，则行为人应被归责，反之，如果证明禁止规定在具体情况下是无用的，或者应该是无用的，则行为人不可归责。[1]换言之，根据风险升高理论，如果从事后判断的角度，违反注意规范的行为实质性地提升了危害结果出现的危险，就应当将行为人归责。

然而，对于这种只引起法益侵害结果危险的行为是否可以成为行为人承担刑事责任的依据，刑法理论中素有争议。有学者认为，如果对义务违反与结果之间的关联性采取无视的态度，仅仅强调义务违反和风险提高而漠视结果，就会陷入"将实害犯置换成危险犯""将禁止风险提高作为一种绝对命令来要求"之中。[2]另外，也有学者指出，风险提高理论违反了罪疑唯轻原则[3]。反对者对风险升高理论的批评的确切中要害，在归责层面上，适用风险升高理论确有违反罪疑从轻的嫌疑。然而不可否认的是，在我国现行的司法实践中，特别是在渎职类罪名的适用过程中，存在适用风险升高理论的迹象，司法实践并没有将风险升高理论排

---

[1] 转引自许玉秀：《主观与客观之间——主观理论与客观归责》，法律出版社2008年版，第200页。

[2] 车浩：《假定因果关系、结果避免可能性与客观归责》，载《法学研究》2009年第5期，第156页。

[3] 耶赛克认为，"只有对违反注意义务的行为是否导致危险显著增加存在疑问时，始可使用罪疑唯轻原则。"参见［德］耶赛克：《德国刑法教科书》，魏根特、徐久生译，中国法制出版社2001年版，第703页。

斥在司法适用之外。以玩忽职守类案件为例，国家机关工作人员承担玩忽职守罪的刑事责任是由于其不履行或者不充分履行义务的行为直接或者间接引发了危害结果。其中有违反义务的行为直接导致危害结果发生的，比如，税务机关工作人员在进行应收税款核算时，严重不负责任，算错了应收税款金额，给国家造成了重大损失，此时税务机关工作人员涉嫌构成玩忽职守罪。

除此之外，也有国家机关工作人员玩忽职守的行为导致危害结果出现的概率升高，而对国家机关工作人员以玩忽职守罪定罪处罚的情形存在。例如，海事行政执法人员刘某、王某在海事现场检查执法工作中严重不负责任，不认真履行职责，致使寿光祥龙航运有限公司"寿海188"轮在未依法办理签证、配员不足、船员无适任证书的情况下出海作业，致使该轮与"冀滦渔03840"轮发生碰撞。[1]在该案中，尽管两被告人对水上交通事故的发生只起到了间接作用，质言之，刘某和王某的玩忽职守行为只是提高了危害结果发生的危险，不能说没有两被告人的行为就没有危害后果的产生，只能说两被告人的行为为事故的发生埋下了隐患，引起了危害结果出现的危险。一审法院判处被告人刘某与王某构成渎职犯罪，二审维持原判，可见，法院仍将这种提高了危害结果发生的概率的行为认定为其承担玩忽职守罪刑事责任的依据。可见，客观归责理论中的风险升高理论为航运安全监管过失犯罪实行行为的实质化提供了判定标准。鉴于此，本书认为，航运安全监管过失犯罪中的实行行为，在实质上是引起危害结果出现的概率升高的行为。

二、航运安全监管过失犯罪实行行为的表现形式

刑法理论将实行行为分为两种基本形式，即作为与不作为。在作为与不作为问题领域，我国刑法学者是从"作为与不作为是否可能结合成为一个犯罪事实"为问题开始进行研究的。陈兴良教授认为，一个犯罪行为不可能同时包含作为与不作为。认为作为是违反禁止性义务法规，不作为是违反命令性义务法规；凡是不应为而为的，就是作为；凡应为

---

[1] 参见（2016）鲁0783刑初440号，（2016）鲁07刑终554号。

而不为的，就是不作为，不管其有无身体的积极活动；所以，作为与不作为是一种对立关系，一个犯罪行为不可能同时包含作为与不作为。[1]张明楷教授则认为有些犯罪事实可以由作为与不作为结合构成，并指出："我国刑法分则的某些条文对构成要件使用的表述，意味着该犯罪既可以由作为构成，也可以由不作为构成。例如，刑法不少条文将构成要件的行为表述为'严重不负责任'。显然，不履行职责的不作为与恣意地履行职责的作为，都可谓'不负责任'，故都可以成立犯罪。"[2]

实际上，探讨作为与不作为是否能在一个罪名中同时存在取决于对作为和不作为概念的界定上。如果认为作为是积极的身体动作，而不作为是消极的身体动作，那么作为与不作为可能会在一个罪名中同时存在。例如，不报的行为与谎报的行为同时存在亦可成立不报、谎报安全事故罪。但是，如果认为不作为是指行为人没有履行作为义务，由此而没有实施法期待的行为，那么无论是不报还是谎报都是行为人违反"全面准确对安全事故进行汇报"这个注意义务的行为。因此，不报、谎报安全事故罪就被认为只是由不作为行为构成的犯罪。而由于实行行为被认为是行为人承担刑事责任的重要依据，所以刑法对实行行为的关注是以刑事归责为出发点和落脚点。在这个意义上，以积极的身体动作还是消极的身体动作对实行行为进行分类是没有意义的。刑法所关注的并不是实行行为是动态的还是静态的，而是对不作为或作为的实行行为进行处罚的依据。所以，笔者赞同陈兴良教授的观点，将作为与不作为理解成为一种对立关系，一个犯罪行为不可能同时包含作为与不作为。

在认定了不作为行为是对作为义务的违反的基础上，我们认为重大责任事故罪、重大劳动安全事故罪等航运安全监管过失犯罪所涉罪名的实行行为的表现形式都是不作为。质言之，因为航运安全监督管理者都没有履行或者没有充分履行作为义务，违反了注意义务而没有实施法所期待的行为，因此可以说实行行为的表现形式是不作为。而在航运安全监督管理的活动中，失职人员在未履行或未充分履行作为义务的同时，

---

[1] 陈兴良：《本体刑法学》，商务印书馆2001年版，第259页以下。
[2] 张明楷：《刑法学》（第四版），法律出版社2011年版，第151—152页。

实施了其他何种行为并不是不作为的具体内容，也不是刑法关注的内容。

第二节　航运安全监管过失犯罪的危害结果

在航运安全监管过失犯罪领域，没有危害结果就不应当追究安监人员的刑事责任。危害结果是航运安全监管失职人员承担刑事责任的依据。一方面，危害结果是航运安全监管过失犯罪成立的必备要件。具有航运安全监管职责的人员不履行或者不充分履行航运安全监管职责的行为可能是故意的，但对最终危害结果的产生主观上表现为过失。对于此类过失犯罪，如果没有出现构成要件的危害结果，那就不能追究航运安全监管者监管不力的刑事责任。另一方面，危害结果是航运安全监管过失犯罪因果关系的组成要素。大陆法系国家将危害结果当作因果关系的一个要素加以论述，划定危害结果的地位和功能。所谓因果关系，是指某种先行事实与后行事实之间的原因、结果关系。[1]因果关系实质上就是解决刑事责任的归责问题，即通过判断危害结果是否应归责于危害行为，从而判断是否可将行为人进行刑事归责。因此，对航运安全监管过失犯罪的危害结果的研究也是不可缺少的。

一、航运安全监管过失犯罪的危害结果的定义

对危害结果的概念进行考察与分析，是对航运安全监管过失犯罪的危害结果进行探讨的必要前提。对于危害结果的含义，我国学界争议很大，代表性的观点有：实际损害说、实际损失和现实危险说、客体损害说、危害或可能危害说以及最后状态说。实际损害说将危害结果界定成现实存在的、具体的损害事实。认为人员伤亡、财产损失等客观存在的危害结果，才是刑法学意义上的危害结果。但是，实际损害说没能考虑到破坏交通工具罪、破坏交通设施罪、破坏易燃易爆设备罪等危险犯，危险犯中并不存在物质性的实害结果。因此，实际损害说是不全面的。

---

[1] [日]野村稔：《刑法总论》，全理其、何力译，法律出版社2001年版，第125页。

实际损失和现实危险说考虑到了实际损害说的不足,认为现实危险也应包含在危害结果的含义之内。例如,有学者指出,刑法上的结果,不仅包括侵害法益的现实结果,还包括侵害法益(实害结果)的危险在内。[1] 因此,相较于实际损害说,实际损失和现实危险说具有一定的进步性。然而,实际损失和现实危险说没能将刑法分则中规定的侮辱罪、诽谤罪等这些既不会产生实害结果,也没有对实害结果造成危险的犯罪考虑在内,因此,实际损失和现实危险说也是不全面的。客体损害说认为危害结果就是犯罪所侵害的客体。毫无疑问,这种观点混淆了危害结果与犯罪客体的界限,犯罪客体是犯罪行为所侵犯的社会关系,它是犯罪构成四要件中的客体要件,而危害结果则是犯罪构成四要件中客观方面的构成要件要素,与犯罪客体并不是同一层次上的概念。危害或可能危害说,将可能造成的危害当成一种刑法上的危害结果是不合理的。在哲学上,结果是一种客观存在的事实,即使我们认为刑法上危害结果的概念与哲学上结果的概念有所不同,也不应当将造成危害的可能性当作危害结果来理解,若认为刑法上的危害后果包含可能的危险,则与现行刑法分则条文规定的危害结果的样态相矛盾。另外,如果立法者将可能造成的危险也作为刑法上危害结果看待,那么就会造成犯罪圈的扩大、刑罚的滥用。最后状态说认为犯罪行为在最后时刻造成的损害是危害结果。按照最后状态说的观点,用暴力将被害人打伤,致使被害人没有反抗的能力后实施的抢劫行为,由于伤害结果不是最后的状态,因此不能成为抢劫犯的危害后果。这种观点显然是错误的。因此,最后状态说并不可取。

犯罪的本质是侵害法益已经得到了刑法学界的共识。日本学者一般认为:"既然刑法以保护法益为目的,'结果'便属于构成要件中不可或缺的要素。结果是指法益的侵害及其威胁。"[2] 我们认为,我国刑法中的危害结果可以借鉴日本刑法学的通说观点,将危害结果定义为侵害法益的现实结果或危险。正如张明楷教授指出:"结果是行为给刑法所保护的

---

[1] 黎宏:《日本刑法精义》(第二版),法律出版社2008年版,第81页。
[2] 参见[日]西田典之:《日本刑法总论》,刘明祥、王昭武译,中国人民大学出版社2007年版,第62页。

法益所造成的现实侵害事实与危险状态。"[1]将危害结果界定为侵害法益的现实结果或危险,弥补了实际损失和现实危险说的不足,因为法益不仅包含有生命、身体、自由、财产等有形的利益,也包含名誉、住宅安宁等无形的利益,将危害结果界定为侵害法益的现实结果或危险也可以将诽谤罪、侮辱罪等实际损失和现实危险说不能涵盖的情况囊括在内。但应当注意的是,我们不能将危害结果界定为侵害犯罪客体的现实结果或危险。虽然我国传统刑法理论认为,犯罪客体是刑法所保护的,但是,刑法所保护的利益并不都是以社会关系形式存在的,例如,刑法规定的破坏环境资源类犯罪,在该罪中,将刑法所保护的利益界定为环境资源法益要比社会关系更贴切。

《刑法》第 14 条第 1 款规定:"明知自己的行为会发生危害社会的结果,并且希望或者放任这种结果发生,因而构成犯罪的,是故意犯罪。"以及《刑法》第 15 条第 1 款规定:"应当预见自己的行为可能发生危害社会的结果,因为疏忽大意而没有预见,或者已经预见而轻信能够避免,以致发生这种结果的,是过失犯罪。"

上述规定的危害社会的结果就是指危害结果。除了危害结果,我国刑法总则规定的与结果有关的概念主要有:犯罪结果、损害结果以及损害。我国刑法条文中并没有危险状态的概念,但是在犯罪的未完成形态的理论中涉及了这一概念。要准确界定危害结果,就应当将危害结果与上述相关概念进行区分。

第一,危害结果与犯罪结果的区分。《刑法》第 6 条第 3 款规定:"犯罪的行为或者结果有一项发生在中华人民共和国领域内,就认为是在中华人民共和国领域内犯罪。"以及《刑法》第 24 条第 1 款规定:"在犯罪过程中,自动放弃犯罪或者自动有效地防止犯罪结果发生的,是犯罪中止。"上述规定与犯罪结果相关。根据大陆法系阶层的犯罪论体系,可以辨别出犯罪结果与危害结果的不同。犯罪结果是满足构成要件符合性、违法性与有责性后的价值评价,而危害结果只是在满足构成要件符合性和违法性后的评价,如果行为人不具有刑事责任能力、没有期待可能性

---

[1] 张明楷:《刑法学》(第四版),法律出版社 2011 年版,第 166 页。

或者没有故意或者过失，那么危害结果就不能进一步转化为犯罪结果。另外，由于法院是唯一可以将某一行为认定为犯罪的国家司法机关，所以，未经法院的审判，任何结果都不可以称为犯罪结果。正如学者所言：在具体的案例中，在危害行为发生之后、人民法院的判决确定之前，由于没有权威的判决，还不能将危害结果认定为犯罪结果。[1]

第二，危害结果与损害结果的区分。《刑法》第16条规定："行为在客观上虽然造成了损害结果，但是不是出于故意或者过失，而是由于不能抗拒或者不能预见的原因所引起的，不是犯罪。"该规定与损害结果相关。而根据《刑法》第16条可知，损害结果不仅包含由故意或者过失构成的危害结果，还包括由意外事件或者不可抗力导致的结果。由意外事件或者不可抗力导致的结果，由于其不包含行为人的主观罪过形式，因此，不可将其称为刑法上的危害结果。正如学者所言，不包含主观评价因素的结果，如由不可抗力或者意外事件造成的后果，即使对社会有害，也不属于刑法中的危害结果。[2] 由此可知，损害结果的范围要大于危害结果的范围。

第三，危害结果与损害的区分。我国刑法条文规定的损害，有两种意义。一种具有刑法中危害结果的含义，而另一种则不具有刑法中危害结果的含义。《刑法》第20条第1款规定："为了使国家、公共利益、本人或者他人的人身、财产和其他权利免受正在进行的不法侵害，而采取的制止不法侵害的行为，对不法侵害造成损害的，属于正当防卫，不负刑事责任。"另外，《刑法》第21条第1款规定："为了使国家、公共利益、本人或者他人的人身、财产和其他权利免受正在发生的危险，不得已采取的紧急避险行动，造成损害的，不负刑事责任。"上述规定的损害不是指刑法中的危害后果，这里的损害是由行为人在正当防卫和紧急避险的情况下造成的。虽然表面上看，正当防卫和紧急避险的行为造成了法益侵害，但实际上，刑法中的法益是经过价值衡量过的法益，正当防卫行为保护了更为优越或同等程度的法益，紧急避险的特点也是避免现

---

[1] 聂慧苹：《论危害结果在犯罪构成体系中的地位与功能》，载《当代法学》2011年第4期，第49页。
[2] 彭文华：《危害结果概念：反思与重构》，载《中国刑事法杂志》2010年第8期，第61页。

实危险，保护了较大或者同等程度的法益。所以，即使正当防卫行为给不法侵害人本人造成了损害，紧急避险不得已损害另一较小或者同等的法益，也不能说这样的损害是刑法意义上的危害结果。

另外，《刑法》第 20 条第 2 款规定："正当防卫明显超过必要限度造成重大损害的，应当负刑事责任，但是应当减轻或者免除处罚。"《刑法》第 21 条第 2 款规定："紧急避险超过必要限度造成不应有的损害的，应当负刑事责任，但是应当减轻或者免除处罚。"《刑法》第 24 条第 2 款规定："对于中止犯，没有造成损害的，应当免除处罚；造成损害的，应当减轻处罚。"这里的损害都是刑法意义上的危害结果，防卫过当或者紧急避险超过必要的限度造成的损害，这种损害超过了正当防卫和紧急避险的限度，在进行法益衡量之后，这种损害属于对法益造成的侵害，因此，防卫过当或者紧急避险超过必要的限度造成的损害是刑法意义上的危害结果。除此之外，《刑法》第 24 条第 2 款规定的损害，是一种实际的损害，也应当被认为是刑法上的危害结果。

第四，危险结果与危险状态的区分。虽然我国刑法条文中没有危险状态这一概念，但在未完成形态的刑法理论中，却涉及了危险状态这一概念。在未完成形态中，危害行为造成了具体的侵害事实，这种侵害事实属于危害结果。但是，若危害行为未造成具体的侵害事实，只是引发了足以造成危害结果的现实危险，这种现实危险只能被认为是危险状态。虽然危害结果也可能包含有现实的危险，刑法理论中的危险犯的危害结果就是一种危险状态，但是，相对于既遂的危险状态，未遂的危险状态不是危害结果中的危险状态，而是足以引起既遂的危险状态的彼危险状态。这里将未遂犯的危险状态与危害结果中的危险状态相区分的原因在于，在刑法中，危害行为被认为是犯罪构成的必备要素，没有危害行为就不能认定犯罪。而危害行为被认为是具有法益侵害危险的行为，若将未遂犯的危险状态认定为刑法中的危害结果，就有将危害行为与危害结果相混淆的嫌疑，原因在于未遂犯的危险状态只是危害行为中的危险。

综上所述，笔者赞同将危害结果界定为"侵害法益的现实危险和结果"。在航运安全监管过失犯罪中进行考量，由于航运安全监管过失犯罪是过失犯罪，而过失犯罪是以危害结果的实际发生为犯罪成立前提的，所以航运安全监管过失犯罪的危害结果不应包含"侵害法益的现实危险"。故而，可将航运安全监管过失犯罪的危害结果界定为航运安全监管失职人员由于其监管过失行为而导致的侵害水上交通安全法益的现实结果。

二、航运安全监管过失犯罪中危害结果的表现形式

按照结果是有形的还是无形的，可将结果分为物质性结果和非物质性结果。物质性结果，是指现象形态表现为物质性变化的结果，它往往是有形的，可以具体认定和测量。如人员死亡、人员伤害、财物毁坏等都是物质性结果。非物质性结果，是指现象形态表现为非物质性变化的结果，它往往是无形的，不能或难以具体认定和测量。如人格的损害、名誉的毁损等都属于非物质性结果。[1]航运安全监管过失犯罪的危害结果表现为物质性结果，其包括四种形式即人员伤亡、人员失踪、财产损失和环境污染。但这四种物质性结果并不都是航运安全监管过失犯罪的构成要件要素的结果，而这里的构成要件要素结果，是指成立某一具体犯罪所必须具备的结果，如果行为没有造成这种结果，就不构成犯罪。例如，根据《刑法》第397条的规定，国家机关工作人员的滥用职权行为，只有造成了公共财产、国家与人民利益的重大损失，才构成滥用职权罪。这里的"重大损失"，就是属于构成要件要素的结果。根据我国现行刑法的规定，在上述这四种形式的物质性结果中，只有人员伤亡和财产损失可以成为航运安全监管过失犯罪的构成要件要素的结果。

（一）人员伤亡

在任何生产作业领域，都有发生人员伤亡的危险，这是现代工业社会发展所带来的必然风险。船舶作为水上生产运输作业的载体，若本身未达到航行或进行其他作业要求的标准，例如船舶驾驶人员以及其他直接操作者不具有资质等，这些情形的存在都会严重威胁船舶安全，给船舶安全带来重大隐患，在介入因素的直接作用下极易引发水上交通事故。

---

[1] 张明楷：《刑法学》（第四版），法律出版社2011年版，第172页。

事故的发生会损害水上人员的生命与健康，造成人员伤害、死亡的危害后果。若发生刑法构成要件要素的危害结果，那么，具有船舶安全保证人地位的船舶经营单位的相关责任人，船舶的实际控制人或者海事等行政执法人员就涉嫌构成航运安全监管过失犯罪。例如，具有船舶安全保证人地位的蒋某某违反安全管理法规，不履行安全监管义务，使用内河船舶从事海上作业，并且聘用了无资质的操作人员，从而为事故的发生埋下了隐患，在无资质人员违规操作行为的介入下，造成了5人死亡的危害结果。除了陆上具有安全监管职责的船舶经营单位的相关责任人、船舶实际控制人或者海事等行政执法人员的监管过失行为可能导致发生人员伤亡的危害结果，船长、甲板部船员以及轮机部船员疏于履行各自职责范围内的监督管理职责，也可能导致发生人员伤亡的水上交通事故。

（二）人员失踪

只有能够对定罪量刑产生直接影响的结果，才可能成为刑法上的危害结果。[1]而到目前为止，人员失踪这一后果，并不被刑法所承认，因此，人员失踪并不是刑法意义上的危害后果。但是在民法领域，失踪人受到了关注，依据《中华人民共和国民法典》第46条规定："自然人有下列情形之一的，利害关系人可以向人民法院申请宣告该自然人死亡：（一）下落不明满四年；（二）因意外事件，下落不明满二年；因意外事件下落不明，经有关机关证明该自然人不可能生存的，申请宣告死亡不受二年时间的限制。"民法中的宣告死亡制度主要是解决失踪人的整个民事法律关系问题。宣告死亡并不等同于人生理上的死亡，有的可能是真的死亡了，有的可能也没有死亡。如果被宣告死亡的人重新出现或者确知他没有死亡，人民法院应撤销对他的死亡宣告，被撤销死亡宣告的人有权请求返还财产，以及恢复其他可恢复的原有人身权利。

人员失踪是水上安全生产事故产生的常态化结果。与人员伤亡这种危害后果不同，人员失踪只是一种事实状态的表述，而并不包含价值判

---

[1] 参见［意］杜里奥·帕多瓦尼：《意大利刑法学原理》，陈忠林译，法律出版社2004年版，第114页。

断。并且，水上人员落水失踪只是一种状态的表述，这种状态通常会导致两种结果：落水人员生存或者死亡。虽然在远洋海域，或者在水温较低的季节，落水人员生存的可能性微乎其微，但是也不能排除其生存的可能性。刑法是国家最严厉的管控手段，它以国家强制力为保障，对触犯刑法而造成构成要件危害结果的行为人，以剥夺其自由甚至生命为代价。因此，立法机关在具体设置刑法构成要件要素的结果时要保持谨慎与科学的态度，不能将死亡的可能性等同于死亡结果，从而要求行为人对被害人的"死亡结果"承担刑事责任。否则极易产生冤案错案，使司法权威和公信力受到挑战。

（三）财产损失

随着造船设备与工艺不断的现代化，船舶的价值也与日俱增。一旦发生碰撞、翻沉等水上交通事故，极易造成巨大财产损失。根据我国相关司法解释的规定，财产损失也可成为航运安全监管过失犯罪的法定危害结果。例如，根据2015年12月16日起实施的《最高人民法院、最高人民检察院关于办理危害生产安全刑事案件适用法律若干问题的解释》规定，重大责任事故罪以及重大劳动安全事故罪的入罪标准之一为"造成直接经济损失一百万元以上的"。另外，根据2013年1月9日起实施的《最高人民法院、最高人民检察院关于办理渎职刑事案件适用法律若干问题的解释（一）》规定，玩忽职守罪的入罪标准之一为"造成经济损失30万元以上的"。所以，在航运安全监管失职犯罪领域，监管失职人员疏于履行安全监管职责，而造成财产损失的严重后果，就应当进一步考量安监人员监管过失行为造成的危害结果是否已经达到了相应犯罪的立案标准。

（四）环境污染

环境污染是航运安全监管过失犯罪所易导致的结果之一。例如，我国《刑法》第408条规定："负有环境保护监督管理职责的国家机关工作人员严重不负责任，导致发生重大环境污染事故，致使公私财产遭受重大损失或者造成人身伤亡的严重后果的，处三年以下有期徒刑或者拘役。"然而，刑法并不认可直接将环境污染作为法定的构成要件要素结果，而是将环境污染转换为财产损失，通过财产损失对行为人所造成的环境污染的程度进行衡量。在司法实践中，也是将环境污染的损害结果替换成财产损失，从而实现对行为人的刑事追责。例如：在程某、周某构成环境监管失职罪的案件中，两被告人监管失职的行为造成了15564.935吨尾气吸收液排放至运河内，严重污染水体的结果。经江苏省环境科学学会评估，治理危险废物中的废盐酸需要花费人民币3662.0644万元；削减危险废物中酸性物质对水体造成的损害需要花费人民币2541.205万元。[1]本案中，审判机关将被告人导致的环境污染所造成的财产损失作为对其进行刑事追责的依据。所以，若航运安全监管失职人员所造成的环境污染结果，经评估后达到了航运安全监管过失犯罪的财产损失的入罪标准，就涉嫌构成相应的航运安全监管过失犯罪。

第三节　航运安全监管过失犯罪的因果关系

在事实层面，航运安全监管过失犯罪的因果关系通常具有间接性。这表现为，通常情况下，航运安全监管失职人员疏于履行监管职责的行为并不是引起最终危害结果产生的直接原因，在监管过失的行为与危害结果之间通常有第三方因素介入，介入因素可能是自然因素，也可能是船舶驾驶人员或者其他从事水上生产工作人员的违规行为。在司法实务中，由于航运安全监管过失犯罪在事实层面具有间接的因果关系，导致在认定疏于履行监管职责的行为人是否应当承担刑事责任问题时存在较大争议，而这也成为对航运安全监管人员疏于履行监管职责的过失行为进行归责的主要障碍。无论是在刑法理论，还是在司法实践中，危害行为与危害结果之间具有因果关系都被认为是行为人承担刑事责任的重要依据。为妥善解决航运安全监管过失犯罪的归责问题，就需要我们对相关因果关系理论进行考察，以衡量某一因果关系理论是否可被我们借鉴，以用来解决航运安全监管过失犯罪的归责问题。

---

[1] 参见（2014）泰环刑初字第0002号刑事判决；（2014）泰中环刑终字第00002号。

一、相关因果关系理论的考察与借鉴

刑法中的因果关系理论包含我国传统的必然性和偶然性因果关系理论，大陆法系的条件说、原因说、相当因果关系理论、客观归责理论，英美法系的双层次因果关系理论。应当说明的是，客观归责理论同其他因果关系理论一样，是为刑事归责服务的，虽然加入了对行为危险与危险是否实现的考察，但是客观归责理论并没有摆脱因果律的限制，因此也被认为是广义上的因果关系理论。

（一）我国的因果关系理论

我国传统的因果关系理论即必然因果关系说与偶然因果关系说。必然因果关系表现为原因与结果之间存在直接的、合乎规律的引起与被引起的关系。比如，甲拿刀将乙砍伤，甲的伤害行为与乙的伤害结果之间具有直接的引起与被引起的关系，这就是一种必然的因果关系。偶然因果关系所指的是某种行为本身并不必然能引起危害结果，只是在行为产生之后，偶然介入了其他原因，并由介入的原因直接引发了危害结果。在这种情况下，先行行为与最终的危害结果之间的偶然联系被称为偶然因果关系。实质上，在航运安全监管过失犯罪领域，航运安全监管过失的行为与最终危害后果之间并不具有必然的联系，而是在监管过失行为发生后，介入了自然原因，或者是船舶驾驶人不安全的驾驶行为，抑或是介入了从事安全生产操作人员的违规行为，而偶然性地引起了最终危害结果，因此，航运安全监管过失犯罪的因果流程与偶然因果关系说相吻合。我国的必然因果关系说与偶然因果关系说继受了苏俄刑法学中的因果关系理论，具有较深的哲学印记。然而刑法关注因果关系的目的是为刑事归责服务的，而哲学层面对因果关系的"必然性"和"偶然性"的判断只是停留在归因层面，无法满足刑事归责的需要，由此也无法解决航运安全监管过失犯罪的归责问题。

（二）大陆法系的因果关系理论

大陆法系的因果关系理论主要有条件说、原因说、相当因果关系说以及客观归责理论。下文我们将对大陆法系的因果关系学说是否可解决航运安全监管过失犯罪的归责问题进行逐一判断。

1. 条件说

条件说指出，如果行为与结果之间具有"没有前者就没有后者"的因果关系时，前者就是后者的原因，后者就是前者的结果，就可以对实施了行为的行为人进行刑事归责。而为了证明某个先于结果存在的事实是否是结果发生的必要条件，条件说借助一种"排除思维法"，设想行为不存在时，结果是否同样会发生。如果没有行为，结果也会发生，那么，行为人就不应当对结果负责；如果没有行为，结果就不会发生，那么，该结果就应当归属于行为人。"条件说"的批判者经常举出的极端例证是，如果行为人杀了人，那么不仅他本身要对自己杀人的行为负责任，他的母亲也要承担责任。因为按照条件说"非 A 则非 B"的公式，如果没有杀人犯母亲的生产行为，就没有杀人犯，也就没有杀人犯的杀人行为，杀人犯母亲的生产行为与杀人犯的杀人行为之间具有条件关系。条件说的缺陷不仅在于其将导致结果产生的所有原因都看作与结果具有条件关系，同时，条件说的重要缺陷是，条件说认为理论的因果关系就是刑法的因果关系。[1]将事实上的因果当作刑法上的因果关系进行认定，混淆了事实层面上的判断和规范层面上的价值判断。另外，条件说适用的场合也具有局限性。条件说所主张的"思维排除法"只能在人们已知的因果流程中应用，而对未知的因果流程无法适用。条件说只是根据一部分事实因果流程总结出来的，而不具有发现功能。例如，在医学领域，许多疾病的致病机理还不能被发现。因此，"非 A 则非 B"的判断公式在很多情况下会显得无能为力，并不能担起辨明因果关系的重任。

在航运安全监管过失犯罪领域，若借用"非 A 则非 B"的判断方法，站在事后的立场上，很难说没有航运安全监管人员的监管过失行为就没有危害后果的产生，而只能说，没有航运安全监管人员的监管过失行为，就会降低危害结果产生的概率。因此，在航运安全监管过失犯罪领域并

---

[1] [意]杜·帕多瓦尼：《意大利刑法学原理》，陈忠林译，法律出版社1998年版，第124页。

不存在这种绝对的"非 A 则非 B"逻辑关系。另外，对航运安全监管过失犯罪的事实层面因果关系的判断也是为了解决刑法层面的归责问题，而条件说本身的缺陷也在于只对事实层面的因果关系进行了阐述，而没有涉及刑事归责的价值判断，因此，其无法为航运安全监管过失行为的归责问题提供借鉴。

2. 原因说

原因说是为了避免条件说的不当之处而提出来的，它认为应当根据某种标准，在对结果起作用的各种条件中区分出原因和条件，其中，只有原因和结果之间才有因果关系，因此，也被称为"个别化说"。[1]有人主张最后的一个条件是原因，有人认为异常的行为是原因，有人提出解决结果发生方向的条件是原因，有人提倡最有力的条件是原因，如此等等。[2]实际上，选择一个对结果有特别影响的条件作为结果发生的原因是非常主观的，这种因果关系的认定具有恣意性。此外，在很多情况下，结果的发生并不是一个原因所引起的，而是多个原因的共同作用所导致的。综上所述，虽然原因说是在条件说的基础上提出的，然而原因说并没能成功避免条件说的缺陷。

在航运安全监管过失犯罪领域，通常情况下，航运安全监管过失行为是导致危害结果产生的间接原因，由此可以认为航运安全监管过失行为也是一种导致危害结果发生的原因。但是，我们对航运安全监管过失犯罪领域因果关系的研究，并不局限于在事实层面上通过相关学说寻找到导致危害结果发生的原因，而事实上我们已经承认了航运安全监管过失行为是导致危害结果发生的间接原因，我们需要解决的问题是要为航运安全监管过失行为人承担刑事责任提供依据，证明航运安全监管过失行为人的过失行为与危害结果之间存在刑法上的因果关系。而鉴于原因说未能摆脱事实层面的条件说的限制，所以，它并不能为我们解决航运安全监管过失犯罪的归责问题提供出路。

3. 相当因果关系说

相当因果关系学说是日本学界关于因果关系问题的通说理论。相当

---

[1] 黎宏：《日本刑法精义》（第二版），法律出版社 2008 年版，第 111 页。
[2] 张明楷：《刑法学》（第三版），法律出版社 2008 年，第 162 页。

因果关系学说认为，为了确认刑法上的因果关系，单有行为和结果之间的条件关系还不够，必须以此为前提，根据社会生活的一般经验，在认为该行为足以引起结果时，就可以说该行为和结果之间具有因果关系。[1]相当因果关系说是在条件说的基础上发展起来的，相较于条件说，相当因果关系说具有两方面优越性：一方面，相当因果关系说克服了条件说范围过大的弊端；另一方面，不止局限于归因上对条件说的依赖，在归责层面上，相当因果关系说试图以"相当性"为标准来判断行为人是否应为危害结果承担刑事责任。"相当"是指在社会生活中，行为与结果的关系是普通的而非特殊的，是正常的而非异常的。关于相当性的判断基础，理论上分别有客观说、主观说以及折中说三种学说。

客观说主张以行为时的一切客观事实作为基础进行判断。例如，甲轻伤乙，但乙是血友病患者，因流血不止而死亡。客观说认为，既然行为时乙患有血友病，不管甲是否知道这一事实，甲的行为与乙的死亡之间具有因果关系。[2]客观说将行为人不能预见的一切情况都作为相当性判断的依据，因此使刑法具有强人所难之嫌。

主观说主张以行为人认识到或可能认识到的事实为基础进行判断。例如，甲轻伤乙，但乙是血友病患者，因流血不止而死亡。主观说认为，如果甲知道或者应当知道乙是血友病患者，则甲的行为与乙的死亡之间具有因果关系；否则不具有因果关系。[3]而若以行为人认识到或可能认识到的事实的主观说为相当性判断的依据，就会使刑事归责落入主观归责的窠臼，从而不当地扩大或缩小了刑事归责的范围。

折中说主张以一般人能认识到的以及行为人特别认识到的事实为基础进行判断。例如，甲轻伤乙，但乙是血友病患者，因流血不止而死亡。折中说认为，如果行为时一般人能知道乙是血友病患者或者甲特别知道乙是血友病患者，则甲的行为与乙的死亡之间具有因果关系；否则不存在因果关系。[4]折中说则在客观说与主观说之间寻找到了一个妥当的标

---

[1] 黎宏：《日本刑法精义》（第二版），法律出版社2008年版，第111—112页。
[2] 参见张明楷：《刑法学》（第四版），法律出版社2011年版，第176页。
[3] 参见张明楷：《刑法学》（第四版），法律出版社2011年版，第176页。
[4] 参见张明楷：《刑法学》（第四版），法律出版社2011年版，第176页。

准，认为因果关系应当在一般人预见或者能够预见的基础上，以及行为人特别知道或者能够知道的基础上进行讨论。折中说的这种以"一般人的观念"为判断标准的立场最具有合理性，因此成为日本刑法理论的通说观点。尽管相当因果关系学说在日本取得了通说的地位，但是也有学者明确地指出了相当因果关系理论的漏洞："一般人观念在使相当性标准具有极大可塑性的同时，也使其从根本上丧失了实在的内容，而成为一个空洞的公式。"[1] 按照相当因果关系学说，在判断具有航运安全监管过失的行为人是否应当为危害结果的产生承担刑事责任时，要根据折中说判定危害结果的产生与航运安全监管人员的过失行为之间是否具有"相当性"，但由于没有明确的"相当性"判断标准，导致在判断航运安全监管过失行为人是否应当对危害结果承担刑事责任时，还是存在一定的不确定性和随意性。然而我们认为，可以通过危险升高理论、结果预见义务以及结果回避义务等理论对"相当性"的判断规则进行完善，从而为解决航运安全监管失职涉罪人员的刑事归责问题提供解决思路。

4. 客观归责理论

客观归责理论是由德国学者罗可辛教授提出的，目前已经成为德国刑法学界的通说。客观归责理论通过设定一套逻辑严谨的理论框架，为行为人是否应当为最终危害结果承担刑事责任提供了判断依据。客观归责理论以条件说为前提，认为在与结果有条件关系的行为中，只有当行为制造了不被允许的危险，而且该危险是在符合构成要件的结果中实现，才能将该结果归属于该行为。在"制造了不被允许的危险"的判断层面，罗可辛特别提出了三种排除归责的情形和一种特别注意归责的情形：降低危险、非制造危险以及制造了危险但危险被允许的行为被认为是未制造不被允许危险的行为，因此排除归责。另外，不能因为即将会发生的假定的因果关系排除已经实施不被允许危险行为人的归责。在"实现不被允许的危险"的判断层面，罗可辛提出了三种排除归责的情形：结果不是由危险行为导致的（即异常因素介入而导致最终危害结果发生）、即使履行了合法则的替代行为危害结果也不可避免、结果不在注意规范的

---

[1] [日] 大谷实：《刑法讲义总论》，黎宏译，中国人民大学出版社 2008 年第 2 版，第 197 页。

保护目的范围内。通常情况下，对于合义务的替代行为是否能彻底避免危害结果的发生是不确定的，然而罗可辛指出："如果根据事前已存在的规范和事后所获悉的资讯判断，降低结果风险的禁止规定应该是有用的，则行为人应被归责，反之，如果证明禁止规定在具体情况下是无用的，或者应该是无用的，则行为人不可归责。"[1]质言之，合义务的替代行为只要能实质性地降低危害结果出现的风险，那么，就应当对实施了违反注意义务的行为人进行刑事归责。在"构成要件的保护范围"的判断层面，罗可辛也提出了三种排除规则的情形：参与他人故意的自损的行为、被害人同意他人给自己造成危险的行为，以及第三人的责任范围内的行为。

鉴于客观归责理论与其他因果关系学说的目的一样，都是解决归责问题，由此，也可以将客观归责理论认定为一种广义上的因果关系。有学者对客观归责理论给出了极高的评价，并指出："客观归责理论在学理上是非常精确的命题，在司法实践中是解决无数争议的钥匙。"[2]在此基础上，也有学者撰文提出，通过客观归责理论所提出的三个层次的判断，可以从刑法规范目的的实质层面界定玩忽职守罪的因果关系，从而为玩忽职守罪因果关系的司法认定提供一个合理框架。[3]那么，是否可借鉴客观归责理论，来解决玩忽职守罪这样可能具有间接因果关系犯罪的刑事归责问题呢？我们将尝试借鉴客观归责理论来解决航运安全监管过失犯罪的归责问题。首先，在制造不被允许的危险的层面，航运安全监管人员违反了安全监督管理相关的注意义务，实际上就是创设了不被允许的危险。其次，在实现不被允许的危险的判断层面，航运安全监管人员违反安全监督管理相关的注意义务的行为对于危害结果而言，虽然没有严格意义上"非 A 则非 B"的逻辑关系，但是航运安全监管人员违反安全监督管理职责的行为提高了危害结果发生的风险。那么，就可以对航运

---

[1] 转引自许玉秀：《主观与客观之间——主观理论与客观归责》，法律出版社 2008 年版，第 200 页。
[2] [德] 许逎曼：《关于客观归责》，陈志辉译，载许玉秀、陈志辉合编：《不移不惑献身法与正义——许逎曼教授刑事法论文选辑》，台北新学林出版股份有限公司 2006 年版，第 565 页。
[3] 参见杨志国：《玩忽职守罪因果关系司法认定模式研究》，载《人民检察》2007 年第 19 期，第 22 页。

安全监管过失行为人进行归责。最后,判断构成要件效力范围的问题。

以"刘某与王某玩忽职守案"[1]为例。根据客观归责理论,首先,海事行政执法人员未认真履行职责,未发现船舶未签证和船员不适任,未排查安全隐患的行为制造了不被允许的危险。其次,要判断行为人所制造的法所不允许的危险是否在具体结果中得以实现。根据罗可辛教授所作的解释,所谓实现法所不容许的风险不仅要求危险与结果之间的流程正常,而且要求结果必须为避免危险的规则的保护目的所包括。本案中,船员不适任,驾驶指挥人员不能熟练使用雷达、卫导等助航设施辅助瞭望,未能及时发现和正确判断渔船动态导致船舶碰撞,与致使6人死亡,国家和人民利益造成重大损失的结果之间并未超出事物本质的正常风险,且所实现的危险正是安全监管注意义务本身所排斥的风险,加之海事行政执法人员不履行职责的不作为在一定程度上升高了船舶发生事故的风险,因此可以认定海事行政执法人员的玩忽职守行为实现了法所不容许的危险。最后,本案中海事行政执法人员玩忽职守而未认真履行职责的行为也没有超出玩忽职守罪构成要件的保护范围。综上,按照客观归责理论所提供的一系列客观的、具体的判断标准,两名海事行政执法人员所实施的渎职行为与危害结果的发生具有刑法上的因果关系,其行为完全符合玩忽职守罪的构成要件,应当以玩忽职守罪追究两名海事行政执法人员的刑事责任。

可见,在客观归责理论框架下,一步步进行推理论证,可以清晰地推导出被告人是否应当承担刑事责任的结论,理论过程具有很强的说服力。虽然客观归责理论可以解决具有间接性因果关系犯罪的刑事归责问题,但是,我们也不能对客观归责理论盲目崇拜。客观归责理论是在阶层的犯罪论体系中应用的,而现阶段,我国司法实践仍坚持的是犯罪构成四要件体系,而不是阶层的犯罪论体系,因此,司法实践中不存在直

---

[1] 海事行政执法人员刘某、王某在海事现场检查执法工作中严重不负责任,不认真履行职责,致使寿光祥龙航运有限公司"寿海188"轮在未依法办理签证、配员不足、船员无适任证书的情况下出海作业,致使该轮与"冀滦渔03840"轮发生碰撞。一审法院判处被告人刘某与王某构成渎职犯罪,二审维持原判。参见(2016)鲁0783刑初440号,(2016)鲁07刑终554号。

接引用客观归责理论进行刑事归责的现实背景。实际上，在对过失犯进行刑事归责的场合，客观归责理论所主张的这种递进式的判断规则完全可以通过过失犯的实行行为、预见可能性、结果回避可能性等理论进行替代。因此，在考察航运安全监管过失犯罪的因果关系问题时，不必大张旗鼓地引入客观归责理论，而可以围绕航运安全监管过失犯罪的实行行为和危害结果进行实质性的考察，而判断出实行行为与危害结果之间是否具有刑法上的因果关系，并且这种将我国传统犯罪构成四要件体系中客观方面要件要素进行实质性考察的方法，完全可以适应我国现行的司法审判背景。

（三）英美法系因果关系主要学说

英美法系国家注重从生效判决中总结出因果关系的具体原则，取之实践而又用之于实践。英美法系的双层次因果关系理论主要分为两个层次：一是事实层面的因果关系；二是法律层面的因果关系。事实层面的因果关系，是指行为与结果在客观上具有引起与被引起的关系。采用"假定消去法"（如果没有 A，就没有 B，则 A 就是 B 发生的事实原因）作为判断事实因果关系的标准，类似于大陆法系的"条件说"。在事实原因的基础上，又提出了以近因说、预见说或者刑罚功能说作为判断法律层面因果关系的标准。近因就是没有被介入因素打破因果链的、当然地或者盖然地引起危害结果的事实原因。近因说不仅承认行为与结果之间存在的当然关系是刑法上的因果关系，而且将行为和结果之间的盖然关系也纳入刑法因果关系的范畴。[1] 而实际上，近因说并没有为法律层面因果关系的判断提供标准，它还是停留在事实层面对原因的考察，因此近因说并未实现理论的初衷。

预见说是在事实原因的基础上，以行为人的主观认识作为判断法律原因的标准。如果危害结果是行为人事先所能够预见的，那么行为就是

---

[1] 近因就是没有被介入因素打破因果链的、当然地或者盖然地引起危害结果的事实原因。近因说不仅承认行为与结果之间存在的当然关系是刑法上的因果关系，而且将行为和结果之间的盖然关系也纳入刑法因果关系的范畴。参见黄京平等：《官员问责制中的刑法问题研究》，中国人民大学出版社 2017 年版，第 134 页。

结果产生的原因。[1] 预见说的缺陷与相当因果关系学说中的主观说的缺陷相一致，使刑事归责的判断依赖于对行为人主观罪过的判断上，是主观归责的表现形式，会使刑事责任的认定具有不确定性与恣意性。

按照刑罚功能的要求，因果关系的确定应当以报应和震慑为其主要的判断标准，以杀人案件为例，因果关系的存在与否就是要判断"为满足 B 死亡这一事实所产生的报应要求而惩罚 A 是不是必要的。"[2] 刑罚功能说是结合刑罚惩治与预防的功效来对是否应当让行为人承担刑事责任进行判断，但是该说的具体内容是空洞的，其所提出的判断标准不仅具有较大的主观性，而且不具有可操作性，由此，刑罚功能说也无法为法律层面因果关系的判断提供妥当的准则。

可以看出，英美法系中的双层次因果关系学说无法承担起刑事归责的重任，因此也就无法解决航运安全监管过失犯罪领域的刑事归责问题。但是，双层次因果关系学说将因果关系划分为事实层面和法律层面的思路为我们寻求解决问题的答案提供了指引：犯罪构成要件中的因果关系，不仅包括事实层面，更应包括法律层面的因果关系。刑法关注的是具有刑法价值评判在内的刑法因果关系，对事实层面的关注也是为刑事归责提供依据。在判断存在事实层面的因果关系的前提下，需借由一定的规范性评价来判断行为人是否应当为行为引发的危害后果承担刑事责任。

二、航运安全监管过失犯罪因果关系的判断规则

通过上文对因果关系理论的考察可知，无论是双层次因果关系说、相当因果关系说还是客观归责理论，它们的共同点在于，都是建立在归因与归责二分的基础之上，归因等同于事实因果的判断，归责则解决的是在具备事实因果的情况下，进一步从规范上考察，其结果是否可归责于行为主体。[3] 在对航运安全监管过失行为进行刑事归责时，也应当分别在事实层面与法律层面进行考量。事实上的因果关系是刑法归责的基础，

---

[1] 参见黄京平等：《官员问责制中的刑法问题研究》，中国人民大学出版社 2017 年版，第 134 页。
[2] 参见黄京平等：《官员问责制中的刑法问题研究》，中国人民大学出版社 2017 年版，第 134 页。
[3] 陈兴良：《从归因到归责：客观归责理论研究》，载《法学研究》2006 年第 2 期，第 76 页。

如果危害行为与危害结果之间没有一定程度上事实的因果关联，就很难说对行为人进行刑事归责是正当的。另外，因果关系是行为事实与价值评判的统一，作为行为事实的因果关系只有经过价值评判才能转化为犯罪的因果关系。因此，对于刑法中的因果关系，仅仅当作一个事实问题来把握难以完成因果关系在犯罪构成中所担当的使命。[1]所以，若要将危害结果归责于航运安全监管过失行为人，除了在事实层面上要求危害行为与危害结果之间具有因果关联，在法律层面，也要根据一定的规范性的判断标准对相关因素进行考量，以对能否将最终的危害结果归责于航运安全监管过失行为人进行判定。

（一）事实归因层面：判断是否为危害结果的发生创造了机会

行为人的危害行为与危害结果之间存在事实层面的因果关联，是对行为人进行刑事归责的前提。在因果关系的理论中，条件说实质上就是事实归因层面上的因果关系理论。虽然条件说没能解决刑法层面的归责问题，但条件说所表达的"非A则非B"的逻辑关系为事实层面因果关系的判断提供了借鉴标准。然而，根据条件说所主张的等价性原则，所有引发结果的条件是没有区别的。从而，在条件说的理论框架下可以得出"杀人犯的母亲也是被害人死亡的原因，也应当为结果负责"的不合理结论。因此，将条件说看作事实层面判断行为与结果是否具有事实上因果关系的标准，而不考虑该行为是否具有刑法意义是不合理的。刑法不会同意依据"如果没有杀人犯母亲的生产行为，那么杀人犯就不会杀人"的逻辑而追究杀人犯母亲的刑事责任。

应当明确的是，条件说虽是因果法则的适用公式，但并不是因果法则的发现公式。[2]在事实层面，除存在绝对的危害行为与危害结果之间的引起与被引起的关系以外，也可能存在危害行为与危害结果发生的可能性之间的关系，如疫学因果关系。所谓疫学因果关系论，即认为某个因素与基于它的疾病之间的关系，即使从医学、药理学等观点不能符合法

---

[1] 陈兴良：《规范刑法学》，中国政法大学出版社2003年版，第72页。
[2] [日]西田典之：《日本刑法总论》（第2版），王昭武、刘明祥译，法律出版社2013年版，第79页。

则的证明，但是，根据统计的大量观察方法，肯定其间存在高度的盖然性时，就可以肯定因果关系。[1]另外，风险升高理论也体现了事实层面的因果关系不止"非 A 则非 B"这一种形式。疫学因果关系和风险升高理论突破了事实因果层面"非 A 则非 B"的限制，认为只要行为实质性地引起了法益侵害后果的危险，就应当肯定归因层面存在事实因果关联。实际上，我国刑法已经认可了危害行为提高了法益侵害后果发生的危险（也包含危害行为给第三方造成危害结果提供了机会或者便利的情形）这种事实层面的因果关系。以玩忽职守罪为例，我国刑法也处罚由于国家机关工作人员玩忽职守，疏于履行职责而为第三人直接引发危害结果提供机会和便利的行为。从事后判断，国家机关工作人员玩忽职守的危害行为只是提升危害结果发生的危险，并不存在严格意义上的"非 A 则非 B"的逻辑关系，而存在"非 A 也可能导致 B"或者"A 实质性提升了 B 发生的危险"或者"A 为 C 直接引发 B 提供了便利"的逻辑关系。

在航运安全监管过失犯罪领域，航运安全监管过失犯罪实行行为的表现形式为未对船舶安全进行有效检查、未发现船舶安全隐患等不作为。所以，探究不作为犯罪是否存在事实层面的因果关系也是必要的。刑法学者普遍认为不作为行为人并没有对导致结果发生的因果流程进行支配，对危害结果并不产生现实的作用力。例如，有学者指出："不作为犯中，导致结果发生的因果流程并非不作为本身所开启，而是由独立于不作为或被期待的作为之外的情状所引发。不作为的行为人并没有操纵因果的发展流程，而只是对既有的因果发展历程不予干预，听任潜在的危险转变为现实的危害。"[2]可以肯定的是，在不作为犯罪中，不作为的行为并没有对危害结果产生现实的作用力，然而刑法却处罚不作为犯，因此，否认不作为犯在事实层面不具有因果关系就是不合理的。为了妥善说明不作为犯的处罚原理，我们就必须扩展事实层面因果关系的范围——除了现实作用力可以成就事实的因果关系，作为义务也能满足事实因果层

---

[1] [日] 大冢仁：《刑法概说（总论）》，冯军译，中国人民大学出版社 2003 年版，第 167—168 页。
[2] 曾文科：《不作为犯的归因与归责》，载陈兴良主编：《刑事法评论（第 28 卷）》，北京大学出版社 2011 年版，第 393 页。

面的归因要求。由此,在不作为犯罪的影响下,事实因果关系层面支配性的内涵,从"具有现实作用力"延伸到了"具有作为义务",从"事实判断"发展到了"规范判断"。对于不作为犯,只要能够肯定实际因果流程中导致结果出现的危险是在保护义务管辖的范围内,就能肯定事实层面上因果关系的存在。

如前文所述,在归因层面上,行为导致危害结果发生的风险升高的情形可以是事实因果关系的表现形式。另外,违反注意义务的不作为对危害结果的发生也具有事实层面的因果关系。那么在此基础上,将风险升高理论与不作为犯所具有的规范色彩的事实因果关系进行结合,这种"结合体"是否可以成为刑事归责的基础呢?有学者对在不作为犯罪中适用风险升高理论提出了质疑,并指出:"在不作为犯中,不作为对结果的现实支配力为零,允许在概率提升的情况下进行归责,无异于说微弱的支配可能性即足以满足归责的本体基础。这一步未免跨得太远,即使从类型学的角度审视,如此拓展结果归责的范围也难说正当。"[1]质言之,学者认为,由于违反注意义务的不作为对危害结果的现实作用力几乎不存在,在此情形下适用风险升高理论有违刑法谦抑性原则,具有扩大刑罚惩治范围之嫌。然而,什么样的事实因果关系可以转化为法律层面的因果关系本来就具有一定的主观色彩。正如该学者所言,如果事物之间的客观意义上的原因关联性程度,可以用0—100的数字来表示(指数越大代表关联性程度越高),则可以发现,在这中间,并不存在任何外在的客观标志,来表明哪一部分或何种程度的原因关联为刑法所关心。这完全取决于评价者(包括立法者、司法者与其他解释主体)的主观判断。[2]更重要的是,现行的法律条款已经体现了在不作为犯中适用风险升高理论的旨趣,即在2012年11月15日最高人民检察院发布的《关于印发第二批指导性案例的通知》的杨某玩忽职守案的要旨中表明:"如果负有监管职责的国家机关工作人员没有认真履行其监管职责,从而未能

---

[1] 劳东燕:《风险社会中的刑法:社会转型与刑法理论的变迁》,北京大学出版社2010年版,第152页。

[2] 劳东燕:《风险社会中的刑法:社会转型与刑法理论的变迁》,北京大学出版社2010年版,第101页。

有效防止危害结果发生，那么，这些对危害结果具有'原因力'的渎职行为，应认定与危害结果之间具有刑法意义上的因果关系。"

司法实践中，在认定航运安全监管过失行为与危害结果的关系时，通常只能是"几乎确定"的判断，而无法达到严格的"非 A 则非 B"的判断标准。另外，航运安全监管过失犯罪的实行行为的表现形式是不作为。概言之，就是安全监管人员疏于履行安全监管义务的不作为行为给自然因素、船舶驾驶人员，或者船上直接从事安全生产作业人员的不安全行为直接引起危害结果提供了机会。既然法律条款已经反映出在不作为犯中可适用风险升高理论的意图，那么，在航运安全监管过失犯罪案件中，只要在事实层面判断出违反注意义务的不作为为介入因素引起法益直接侵害提供了机会，实质性地提升了法益侵害的危险，就可以肯定在归因层面上违反注意义务的不作为与最终危害结果的发生存在事实因果关联，就可以成为刑事归责的前提。但是，应当注意的是，一方面，只有在航运安全监管人员的监管过失行为"几乎确定"地引起危害结果发生的情形下，才可以肯定安监人员的过失行为与危害结果之间具有事实上的因果关系，才可以成为对安监人员进行刑事追责的前提。另一方面，即使此时肯定了刑事归责，那么接下来在对行为人进行量刑时也要坚持轻刑化的原则，谨慎防止刑罚的过度化。

（二）结果归责层面：围绕结果预见义务和结果回避义务判断

在事实层面可以判定航运安全监管失职人员不作为的行为与危害结果之间存在由第三方因素为桥梁的事实上的联系，这种事实层面的关联为刑法归责提供了归因基础。那么，接下来就需要寻找对航运安全监管失职人员进行结果归责的判断标准，对是否应当将危害结果归责于行为人进行判断。

客观归责理论不仅在"创设了法所不允许的危险"的判定中为归因层面的法所不允许的行为提供了认定标准，另外，在结果归责层面，客观归责理论借由"实现不被允许的危险"下的判断规则，实现了从事实归因到结果归责的转换。罗可辛教授指出，即使履行了合义务的替代行为危害结果的发生也不可以避免的情形下，或者结果的发生不在注意规范的保护范围的情形下，都不能认为行为人实现了法所不允许的危险，这些情形都可以成为否定行为人对结果归责的依据。另外，相当因果关系说也将归因与归责的判断相区分开，在归因层面借助"条件说"，而在归责层面则借助"相当说"。"相当性"的判断是以一般人认识或者能够预见的情况以及行为人特别认识、预见的情况为基础论及因果关系。虽然"一般人观念"使得相当性的标准具有了可塑性，但同时也使相当性标准成了一个缺乏实在内容的空洞公式。它只是实现了对"相当性的判断应采用一般人观念"的价值宣示，但对如何进行相当性判断却没有提出可操作性的规则。虽然理论上没能实现对相当性判断规则的进一步完善，但是在司法实践中，相当性的判断规则逐渐显现出来。例如，台湾地区刑法理论和司法实务由于受德国客观归责理论的影响，在交通、医疗等过失犯罪案件中，越来越多刑事判例引入"合法替代手段"和"结果回避可能性"概念，以此来论证相当因果关系之有无，即认为在条件因果关系的前提下，若行为人不为原行为而遵守注意义务，结果仍终究不可避免地会发生，就应该否定因果关系。[1]具体来讲，就是可以借由结果预见可能性与结果避免可能性理论对相当性的判断标准进行填充。

客观归责理论中的"实现不被允许的危险"中注意规范的保护目的等下位判断方法，与实践中利用结果预见可能性和结果回避可能性对"相当性"进行判断的方法似乎都可以用来解决过失犯结果归责层面的问题。本书将这两种判断方法融合，并以结果回避义务和结果预见义务为逻辑框架进行展开分析，以找出航运安全监管失职行为人是否对最终危害结果负责的判断规则。

1. 结果预见义务层面

在过失犯中，结果预见义务的有无、程度等问题是判断行为人是否对结果承担刑事责任的重要依据。而在航运安全监管过失犯罪领域亦是如此。

（1）航运安监人员预见对象的判断。预见对象无非包含对危害行为的预见、对危害结果的预见以及对因果关系的预见。传统过失论主张的

---

[1] 参见谢煜伟：《条件理论与因果判断》，载《月旦法学杂志》2007年第7期。

是对危害结果的预见。但是也有学者对此观点提出了质疑，并指出预见可能性虽然与结果相关，但并不指向实际发生的结果，指向一般性、抽象的可能发生的结果便足矣，故而，它的更准确的表达，是对行为所蕴含的法益侵害结果的危险的预见可能性。也只有行为人对行为的注意义务违反性及其所蕴含的对法益的危险有所预见或者至少具有预见可能性，刑法才能对行为人科处避免行动的动机形成义务与相应的结果避免义务。[1] 可见，学者从法益的有效保护层面出发，将过失犯的结果预见义务从危害结果转移到危害行为上来。而本书并不认同这样的观点。一方面，所谓结果预见义务，一般是要求行为人集中注意力，保持精神紧张，应认识到行为可能产生危害社会结果的义务。[2] 由此，从结果预见义务的字面上进行理解，就是对结果的预见。另一方面，根据我国刑法将过失的本质界定为"能够预见到危害后果的发生，但因为疏忽大意而没能预见，或已经预见了而轻信能够避免"。可见，在我国刑事立法的背景下，过失的预见对象是针对危害结果而言的。论者将过失犯的预见对象限定为危害行为的论据在于"实现刑法的预防机制，最大限度地保护法益"。而实际上，对结果预见对象赋予这样的刑法重任，实在是过于苛刻，而且也没有必要。一方面，结果预见义务中不仅包括对预见对象的限定，也包括对预见程度与预见能力的限定，通过对后者的限定也可以起到保护法益的效果；另一方面，过失的成立不仅要求行为人具有结果预见义务，也要求行为人履行结果避免义务，通过对结果避免义务进行合理的界定，也会实现保护法益的效果。

除此之外，还有学者指出结果预见义务要求行为人对行为与结果之间的因果关系有预见，并且对因果关系的基本部分（或者重要部分）有预见即可。然而，对因果关系基本部分是否有预见只是判断行为人对最终危害后果是否有预见的方式，因此，承认对因果关系的基本部分有预见，并不否认行为人对危害结果的预见。例如，对于监管过失犯罪而言，如果管理者和监督者对以被管理的物或者直接行为人的违法行为为中介

---

[1] 参见劳东燕：《责任主义与过失犯中的预见可能性》，载《比较法研究》2018年第3期，第50页。
[2] 钱叶六：《监督过失理论及其使用》，载《法学论坛》2010年第3期，第27页。

的危害结果及其因果过程的基本内容,应当预见并具有概括性预见的可能性却没有预见,就违反了结果预见义务。[1]而对因果关系基本部分的预见,是通过对"中间项"的预见传递出来的。学者指出,在行为直接与构成要件结果相联系的场合,预见对象其实只是结果本身,而在经过多个因果链条的传导才导致结果发生的场合,那个在经验上盖然地与最终的法益侵害紧密相连的因果性事实就可以作为"中间项"。[2]行为人对"中间项"的预见就足以说明行为人对因果关系的基本部分有预见。因此,在有介入因素介入的场合,对危害结果的预见就转化为对因果关系基本部分的预见,而对因果关系基本部分的预见就进一步转化为对"中间项"的预见。质言之,行为人是否对"中间项"有预见只是判断行为人是否对最终危害结果有预见的方法。

实际上,在航运安全监管过失犯罪领域,行为人对危害结果的预见也是通过对"中间项"的预见所传递出来的。只要安监人员能认识到违反航运安全监管职责的行为,在自然因素、不适任的驾驶人员的违规行为或者不适任的船上其他人员不安全的行为等"中间项"的作用下,极易引发水上交通事故,就足以表明安监人员对因果关系的基本部分有认识,从而可以认定航运安监失职人员对危害结果有认识。

(2)航运安监人员结果预见程度的判断。无论是传统过失论,还是新过失论,它们的结果预见义务都是指具体的预见义务。然而,进入20世纪60年代中期以后,日本过失犯理论再次发生了重大变化,以大量的公害犯罪为背景,学界提出了新新过失论。在新新过失理论框架中,结果预见义务是抽象的,只要行为人对危害结果的发生具有恐惧感,就应当对行为人进行结果归责。藤木英雄教授也提出"具体的预见不一定必要,对危险的发生只要有畏惧感就够了"[3]。新新过失论所探讨的过失,并不是传统意义上的过失,而是监管过失。本书所探讨的航运安全监管人员的过失也是监管过失,但本书认为,在航运安全监管过失犯罪领域,

---

[1] 王良顺:《管理、监督过失及其判断》,载《政法论坛》2010年第11期,第154页。
[2] [日]甲斐克则:《火灾死伤事故与信赖原则》,转引自吕英杰:《论责任过失——以预见可能性为中心》,载《法律科学(西北政法大学学报)》2016年第3期,第88页。
[3] 马克昌:《比较刑法原理——外国刑法学总论》,武汉大学出版社2002年版,第233页。

具有保证人地位的监管主体的预见义务应该被认定为具体的结果预见义务。一方面，在航运安全监管领域，安监人员的具体监管职责是被明文确定下来的，这些规定就是为了避免航运安全事故的发生而设定的。所以，在行为人应当履行而不履行或者不充分履行安监职责的情形下，是可以预见到危害后果可能会发生的，而不是一种抽象的恐惧感。另一方面，支持新新过失论的学者也指出，畏惧感应适用于未知的领域，如科学实验、建筑工程等场合。所以，在航运安全监管过失犯罪领域，并不能采用这种抽象的畏惧感说。

（3）航运安监人员预见能力的判断。在考察航运安监失职人员是否对危害结果有预见时，要考察航运安监失职人员对危害结果的预见能力。如果行为人不具备对危害结果的预见能力，那么就不应当将危害结果的发生归责于行为人。预见能力的判断采用的是"一般人"的标准。"一般人"是指与行为人具有同样身份的一般主体。按照这样的观点，考察航运安监失职人员的预见能力就要首先考察其他像行为人这样的安监人员能否预见到危害结果的发生。另外，鉴于预见能力是一种主观能力，所以需要借助一定的客观方法对行为人是否具有预见能力进行规范化判断。否则，预见能力的有无极易成为司法审判中随意出罪与入罪的托词。而对预见能力有无的判断可以结合注意规范的保护目的理论。

注意规范的保护目的理论是在交通领域产生的，该理论认为每个交通规则实际上都是预防性规则，其目的在于通过规定特定的措施来防止结果的发生，因此，只有发生的结果属于规则企图防止的结果时，才可能以违反规则对主体进行谴责。[1]虽然注意规范的保护目的理论是从交通过失犯领域中产生的，但是在其他领域可以同样适用。也正是因为如此，罗可辛教授并没有区分注意规范的保护目的理论的适用领域，而是将注意规范的保护目的作为"实现法所不容许的危险"的下位判断规则，从而对行为是否实现了法所不容许的危险进行判断。本书将通过具体案例，对注意规范的保护目的理论在司法实践中的具体适用进行说明：被告人

---

〔1〕［意］杜里奥·帕多瓦尼：《意大利刑法学原理（注评版）》，陈忠林译，中国人民大学出版社 2004 年版，第 198 页。

穆志祥驾驶其农用三轮车，载客驶往县城某镇。途中，穆志祥担心被查到而受罚，在某村李学华家住宅附近停车让乘客下车。因车顶触碰村民李学明从李学华家所接电线接头的裸露处，车身带电。被害人张木森由于在下车时手抓挂在车尾的自行车车梁而触电身亡。现场勘验表明，穆志祥在其农用三轮车车顶上焊接有角铁行李架，致使该车实际外形尺寸高235厘米。按有关交通管理法规的规定，该种车型最大高度应为200厘米。[1]在"穆志祥过失致人死亡案"中，被告人对被害人触电身亡的结果以及因果关系是否能够预见，是判断被害人触电身亡的结果能否归责于被告人在三轮车车顶上焊接行李架行为的重要依据。法律法规对不同的机动车辆的最大高度进行限定的原因在于，如果车辆超出限定的标准，会大大增加车辆侧翻或失衡的危险。所以，如果本案中的被害人是由于车辆产生侧翻或者失衡而死亡的，那么就可以认定被告人对被害人死亡的结果是可以预见的。这是因为，结合禁止擅自增加车辆高度的注意规范，一般的驾驶人员都会认识到，违反规定而擅自增加车辆的高度会加大车辆侧翻的危险。但是，本案中被害人的死亡结果超出了"法律禁止擅自增加限高"这个规范的保护目的，由此可以判断出，一般的驾驶人员也无法认识到增加了限高会产生被害人触电身亡的结果，从而可以推断出被告人对死亡的结果是不可预见的。所以，本书认为，被害人死亡的结果不可归责于被告人改装车辆的行为。

在航运安全监管过失犯罪领域，也可依据注意规范的保护目的理论对安监人员是否具有预见能力进行判断。例如，在对船舶进行安全检查时，安监人员应当充分履行相关的航运安全监管职责，这些职责都是为了排除事故隐患，防止事故发生而设定。如果安监人员未能履行或者不充分履行安监职责，并且由此引发了危害后果，而这种危害后果是安全监管具体职责所要排斥的结果，那么，通过肯定同行为人一样的其他航运安监人员的预见能力，就可以肯定行为人对于危害结果及因果关系的基本部分的发生具有预见能力，从而将危害结果的发生归责于安监失职

---

[1] 参见最高人民法院刑事审判第一庭、第二庭：《刑事审判参考（第28辑）》，法律出版社2003年版，第32—36页。

人员。以"大舜"号事故为例,"大舜"号事故发生的主要原因在于,船舶在倾斜的情况下,车辆的固定链断裂,造成汽车碰撞、汽油箱破裂起火。而事后查明,烟大轮渡公司海监室监督员范世会在对"大舜"轮进行安全检查过程中,违反海上交通法规和规章制度,对检查中发现的车辆没有系固和系固不良等违规行为未予制止。[1]基于"对车辆进行固定"的注意规范保护目的是防止车辆在海上风浪的作用下互相碰撞,与行为人具有同样身份的一般主体是能够认识到未履行此项注意义务易引发车辆碰撞的结果。所以,行为人也应该能认识到,一旦汽车发生碰撞就会导致起火等严重事故而危害到航行安全。因此,可以肯定行为人对危害结果及因果关系的基本部分是有预见的,从而可将危害结果归责于"违反海上交通法规和规章制度,对检查中发现的车辆没有系固和系固不良等违规行为未予制止"的行为人。

2. 结果回避义务层面

根据日本的传统过失理论,只要认定行为人对危害结果的发生具有结果预见义务与预见能力,那么就可以认定行为人构成过失犯罪。以交通运输为例,鉴于从事交通运输活动的驾驶人员是能认识到车辆驾驶是一项具有危险指数的社会活动。所以,根据传统过失理论,即使是在驾驶人员完全遵守交通运输规则,也无法避免交通事故发生的场合,也要追究行为人的过失责任。显然,传统过失论不当地扩大了处罚范围,有将过失责任的认定等同于结果责任之嫌。

第二次世界大战后,日本的过失理论有了新的发展,形成了新过失犯论。新过失犯理论不仅要求行为人具有结果预见义务,还要求行为人履行结果回避义务。在发生刑法构成要件危害结果的场合,行为人具有结果预见义务与预见能力时并不当然成立过失犯罪,过失犯罪成立的重要前提是行为人未履行结果回避义务。例如,驾车在乡间马路上行驶,将正在横穿马路的人撞死的场合。首先要考虑行为人能否预见到有行人横穿马路。如果马路附近有村落,在能够遇见到会有村民横穿马路的时

---

[1] 搜狐新闻:《"大舜"号翻沉 282 人死亡烟台海难四责任人被起诉》, http://news.sohu.com/34/27/news145382734.shtml, 2001 年 5 月 30 日。

候，接着就要考虑采取什么样的措施能够避免撞到村民，如采取减速或者鸣笛等措施。根据新过失犯理论，如果行为人没有采取上述措施，就成立过失犯罪。新过失论的特点在于：对于社会生活上必要的、避免结果发生的注意义务的违反，才是评价上需要重点考虑的事实；对某些为维持正常的社会生活而实施的行为所伴随的危险，如果难以避免，就在一定程度内允许其发生。[1]对于新过失论而言，在判断出行为人未履行结果回避义务之后，要进一步判断，如果行为人履行了结果回避义务，危害结果是否就可以避免？在判断结果分别是无法避免、可以避免以及可能避免的情形下，如何对行为人进行归责？其实这就是我们要考察的结果避免可能性问题。

（1）结果回避可能性的判断。所谓的结果可能避免，是指即使遵守注意义务，结果仍然很有可能发生，但也有可能避免，结果最后是否会出现，始终是无法确定的。[2]结果回避可能性问题，不仅在新过失犯理论中存在，同时也在客观归责理论与相当因果关系理论中被提及。罗可辛教授在"羊毛笔案"中论及了可避免性理论：毛笔制造工厂的老板将事先未消毒的山羊毛笔交给女工加工，导致四名女工因感染炭疽杆菌而死亡。但事后证明，即使按规定的措施消毒也无法消灭当时欧洲国家尚不知道的炭疽杆菌，女工仍然会死。[3]在罗可辛教授看来，在行为人履行了合义务的替代行为，结果回避的可能性也不存在的情况下，不能对行为人进行归责。

除此之外，在日本和我国台湾地区的相当因果关系理论中，也涉及结果回避可能性的判断问题。判断行为与结果之间具有规范意义上的相当因果关系，是对行为人进行刑事归责的前提，而在相当性的判断方面，却和结果回避可能性理论越来越密不可分。在我国台湾地区的司法实践中，曾发生这样一起真实案例：甲医师为幼儿乙开处方口服药以及注射

---

[1] 周光权：《结果回避义务研究——兼论过失犯的客观归责问题》，载《中外法学》2010年第6期，第873页。

[2] 车浩：《假定因果关系、结果避免可能性与客观归责》，载《法学研究》2009年第5期，第148—149页。

[3] 参见［德］Roxin著，王世洲译：《德国刑法学总论（第1卷）》，法律出版社2005年版，第254页。

药物后，乙的呕吐、腹痛症状未见改善。同日晚间7：30左右，乙的母亲再度带乙来诊所求诊，甲仅为乙注射点滴等。同日晚间9：30许，乙病情恶化，经转诊至佑林医院及台北三军总医院急救，因重度弥漫性心肌炎引起急性心肺衰竭，于同日晚间11：00许不治死亡。该案的判决书中指出："被告纵有未予死者施以身体检查，致未发现死者之有'急性心肺衰竭'并发症之过失情事，但即使予以检查发现，并予适当之处置，仍难免死亡结果之发生，故二者间并无相当之因果关系之存在。"可见，我国台湾地区"最高法院"最后认定儿科诊所医师甲的行为与幼儿乙死亡的结果之间不具有相当性的依据是：即使医师履行了合义务的替代行为，幼儿死亡的结果也难以避免。由此可见，无论是新过失犯理论，还是客观归责理论，抑或是相当因果关系理论都离不开对结果回避可能性的判断，结果回避可能性在对过失犯的归责中具有举足轻重的地位。

结果回避可能性是通过一种假定情形进行判断，即假定行为人遵守了注意义务，即履行了合义务的替代行为，来考察危害结果会不会避免。根据通说观点，即使行为人履行了合义务的替代行为，结果也不可避免的情况下，就不应当对行为人进行归责，因为此时的注意义务属于无效的义务。上述羊毛笔案中，就是由于，即使工厂老板履行了按照法定程序对羊毛进行消毒的义务，结果也不可避免，从而排除了工厂老板的刑事责任。然而，如果合义务的替代行为百分之百可以避免危害结果的发生，那么毫无疑问，行为人就需要对危害结果的产生承担刑事责任。但是，在大多数情况下，结果是否可以被避免并不是百分之百确定的，这是由于结果避免可能性中的"合义务替代行为"，是彻头彻尾的"假定"，完全是基于检验规范有效性的目的而人为设计的一个假象的比较。[1]

对于这种假想的因果关系是否会发生的判断本身就是一种不确定的判断。罗可辛教授认为，只要行为增加了结果出现的危险，就应当对行为人进行归责。质言之，根据风险升高理论，即使合义务替代行为不能百分之百地避免危害结果的发生，但只要在一定程度上可以避免危害结

---

[1] 车浩：《假定因果关系、结果避免可能性与客观归责》，载《法学研究》2009年第5期，第150页。

果的发生，那么就应对行为人进行归责。虽然风险升高理论认为，只要升高了风险，就可以肯定归责，但是，德国司法实务中主张只有合义务的替代行为确定或几乎确定不会引发危害结果时，才可以追究行为人的刑事责任。与德国司法实践中的通常做法相呼应，我国也有学者提出这，"在假定行为符合注意义务的条件下，若合义务替代行为的结果避免可能性达到了占据优势，即超过50%的程度，即可认定注意义务违反性与法益侵害结果有关联，应该予以归责"[1]以及"在行为人没有履行注意义务，发生了损害，但即使其履行注意义务结果也假定可能发生的场合，应当根据行为是否实质地增加了法益危险，来确定是按照过失犯处理，还是根据不可抗力认定为无罪"[2]的论断。实际上，这种观点是对风险升高理论的进一步限定。修正后的风险升高理论既打击了为危害结果的发生创造机会的行为，又合理地限缩了打击范围，避免了犯罪圈肆意扩大。但与此同时，其操作性不强的缺点也显而易见。不同的司法裁判者基于主观的认识与偏好的不同，对"危险是否明显增加"的判断会有很大差异，在实践中易产生同案不同判的司法现象。

在航运安全监管过失犯罪领域，笔者建议采用这种较为缓和的观点，通过对航运安全监管失职行为人的行为是否显著地增加了危害结果发生的危险进行判断，从而为安监失职人员是否应当对危害结果的产生承担刑事责任提供依据。但该理论在操作中缺乏具体的判断基准，所以，为了避免审判不公的现象在航运安全监管过失犯罪领域发生，本书将以陆上航运安全监管过失主体所涉的结果避免可能性问题进行详细的说明。

（2）避免可能性理论在对陆上航运安监人员进行结果归责时的应用。总体来讲，陆上航运安监人员的监管过失行为的类型可归类为两种，一种是未安排适任船员，另一种是未提供适航船舶。前者是指航运安监人员的监管失职行为导致船舶驾驶人员或者进行水上生产作业的直接操作人员不具有相应资质，例如，船舶经营者聘用了不具有二副资质的船员

---

[1] 参见陈璇：《论过失犯的注意义务与结果之间的规范关联》，载《中外法学》2012年第4期，第698页。

[2] 参见周光权：《结果假定发生与过失犯——履行注意义务损害仍可能发生时的归责》，载《法学研究》2005年第2期，第65页。

充当二副。后者是指航运安监人员的监管失职行为导致船舶的设备不符合安全航行的要求,例如,海事行政执法人员在安全检查过程中未能发现船舱未配有风雨密装置。本书试图通过对陆上航运安监人员违反安监义务的不同情形进行区分,探讨在不同介入因素介入情况下的结果回避可能性问题,从而完成"是否应当对航运安监人员进行归责"的价值判断。

● 情形一　*船舶没有缺陷,而船员不具有资质*

在这种情况下,如果危害后果由介入的人为因素引起,即是由船员违反水上交通运输规则或者违反水上生产作业的规则而直接引起的,就可以将危害结果归责于航运安监人员未提供适任船员的行为。从事驾驶船舶或者直接进行水上生产作业活动的船员具有相应的资质是避免发生水上交通事故、保障航行安全的必要前提。安监人员未提供适任船员,而由该船员的不安全行为直接导致了水上交通事故的发生,就应当认为安监人员不履行安监义务的行为明显提高了危害结果发生的危险,因此可以对安监人员进行刑事归责。但如果危害结果的发生是由自然因素引起的,而不是人为因素,那么此时就不能追究安监人员的监管过失的刑事责任。原因在于,在自然因素的作用下,即使安监人员提供了具有相应资质的船员,履行了结果回避义务,危害结果也是完全不可避免的。

● 情形二　*船员具有资质,而船舶存在缺陷*

在此情形下,如果介入了人为因素,即是由于船员违反水上交通运输规则或者违反水上生产作业法律法规而直接引起事故发生的,此时,则可以假设如果船舶不存在缺陷,即安监人员履行了对船舶的安检职责,那么结果是否可以因此避免,如果结果无法避免,就不应将危害结果归责于安监人员;如果结果有必然或在盖然性的可能程度可以避免,就说明船舶的缺陷对危害结果产生的贡献力大,那么就应当将危害结果归责于安监人员。例如,石月德驾驶"粤广州货0389"号砂船,在未加谨慎瞭望的情况下,全速航行,后为躲避对开船只而迅速地大角度打舵。由于船上所载未平仓河砂惯性移动,致使船舶左倾,继而翻沉,造成船上8名船员溺水死亡。经广东海事局调查,船长操作措施不当是导致事故发生的直接原因。法院认定船舶驾驶人员石月德应对该事故应负同等责任,并以交通肇事罪判处被告人石月德有期徒刑3年。另外,据法院的判决书表明，由于"粤广州货0389"轮船舷载重线被改动，而导致货物积载不良，重心升高，致使船舶储备浮力减小，船舶稳定性减小；除此之外，该船事故航次配员不满足《船舶最低安全配员规则》要求。[1]在上述"石月德交通肇事案"中，危害结果的发生并不是完全由于石月德违反交通运输规则造成的，其中"粤广州货0389"轮船舷载重线被改动，而导致货物积载不良，重心升高，致使船舶储备浮力减小，船舶稳定性减小也是造成危害结果的重要原因。根据风险是否显著增加的理论，可以得出"粤广州货0389"号砂船所属公司的相关责任人员未健全安全生产规章制度，未能落实安全管理责任致使船舶超载的行为显著增加了结果发生的危险，因此，在理论上应当肯定对相关安监人员的刑事归责。

另外，在介入因素是自然因素的场合下，若安监人员妥当地履行了安监义务，保证船舶适航，危害结果是"确定"或"几乎确定"可以避免的，那么就应当对安监人员进行刑事归责。例如，2012年11月27日，先锋船务有限公司所属"先锋118"轮在绥中海域沉没。船上人员5名，4人获救，1人失踪。经调查，导致事故发生的直接原因在于"先锋118"轮在航行途中遭遇大风浪恶劣天气，甲板持续上浪，货舱大量进水且排水不畅，从而造成船舶失去储备浮力。而陶光辉作为该轮的实际控制人，非法经营管理船舶，且为船舶配备不适任船员，并且该轮的2个货舱均未配有风雨密舱盖板或等同风雨密设备，船舶并不适航。[2]在这个案例中，由于2个货舱均未配有风雨密舱盖板或等同风雨密设备，导致船舶无法抵御在航行途中遭遇的大风浪，最后船舶沉没。毫无疑问，该案应当追究船舶实际控制人的监管过失的刑事责任。但是，如果损害后果完全是由自然灾害引起的，经过事后判断，即使船舶设备完好，也无法抵御这种恶劣的自然灾害，那么此时，安监人员的合义务替代行为避免结果的可能性几乎不存在，所以就不应当对安监人员进行归责。正如学者所言，刑法要求人做正确的行为选择，以及对于人有所处罚，是为了回避可以回避的利益（所谓人祸），对于人所无法回避的利益损害（所谓天

---

[1] 参见（2008）海刑初字第1178号。
[2] 参见《辽宁海事局关于葫芦岛"11·27""先锋118"轮沉没事故的结案报告》。

灾），并不是刑法所要预防的范围。[1]另外，应当注意的是，如果船舶实际控制人使用了内河船舶进行海上生产运输工作，由于内河船无法抵御海上风浪，而发生水上交通事故的，要对船舶实际控制人进行刑事归责。这是由于，如果船舶实际控制人不使用该内河船舶进行海上生产运输作业，危害结果是完全可以避免的。

● 情形三　船舶有缺陷，船员也没有资质

在水上交通运输领域，这种情形主要是指三无船舶在水上航行作业以及内河船舶到海上非法进行运输或者其他作业活动。而船舶经营者在使用三无船舶或者使用内河船舶到海上作业，通常也不会为船舶提供适任船员。在此情形下，如果介入了人为因素，即由于船员违反水上交通运输规则或者违反水上生产作业法律法规而直接引起事故发生的，那么就应当对安监人员进行归责。例如，2012年6月22日，运砂船"国贸08"轮与采砂船"粤东莞吹0188"在装砂作业过程中发生事故，导致"国贸08"轮翻沉。造成"国贸08"轮船上5人死亡，4人失踪。此次事故发生的直接原因是，梁某某在操作沙漏机向"国贸08"轮装砂过程中，违反相关生产安全管理规定，在"国贸08"轮船向左倾斜的情况下，继续向其左侧舱室装沙，导致该船翻沉。[2]在这起"'国贸08'轮沉没案"中，蒋某某作为内河采砂船"粤东莞吹0188"的所有人未提供适任船舶及船员的行为，明显提升了危害结果发生的危险。如果其妥善履行了监管义务，危害结果"确定"或"几乎确定"不会出现，所以应该肯定对其进行刑事归责。

另外，如果介入了自然因素，也应当对安监人员的监管过失行为进行归责，因为在此情形下，假定安监人员实施了合义务的替代行为，没有将三无船舶投放到水上进行生产运输，没有将内河船舶投放到海上从事生产作业，那么结果的发生是必然可以避免的。因此，在此种情形下应当对安监人员追究责任。

---

[1] 谢治东：《论结果回避可能性与过失犯的归责》，载《政法论坛》2017年第2期，第66页。
[2] 参见（2014）绥刑初字第129号刑事判决；（2014）葫刑终字第00104号。

第六章　航运安全监管过失刑事责任的归属与分配

在司法实践中,确定承担航运安全监管过失刑事责任的主体,通常需要结合"有无实际监督权""有无共同注意义务"以及"实际管理权的强弱"进行确定。另外,除航运安全监管过失刑事责任的归属问题需要被讨论以外,当航运安全监管过失刑事责任竞合时,各航运安全监管过失主体承担刑事责任的大小与依据也值得被特别探讨。鉴于此,本章对航运安全监管过失犯罪刑事责任主体的认定规则进行了详细探讨,也对航运安全监管过失刑事责任竞合时,各主体承担刑事责任的大小与依据进行了说明。除此之外,本章结合相关航运安全监管过失犯罪案件,对航运安全监管过失刑事责任的归属与分配进行说明,以为司法实践提供借鉴思路。

第一节　航运安全监管过失犯罪主体的认定原则

在界定航运安全监管过失犯罪的刑事责任主体时,不仅需要结合事实归因和刑法归责对危害结果是否归责于安监人员的监管失职行为进行判断,在实践中,通常也需要结合"有无实际监督权"、"有无共同注意义务"以及"实际管理权的强弱"对航运安全监管过失刑事责任的主体范围进行界定。

一、有无实际监督权

在实践中,需要寻找出对船舶安全运营具有监督职责的单位或海事等政府部门中具体承担监督过失犯罪刑事责任的主体,即需要明确航运安全监督过失犯罪刑事责任的追诉层级。船舶经营单位的相关责任人员或者海事等政府行政执法人员在履行船舶安全隐患排查工作时，如果上级和下级分别实施了违反注意义务的航运安全监管过失行为，应该如何追责？如果只是由下级履行安全隐患的排查工作，但是其没有对检查事项的最终处理权，需要将情况如实汇报给上级，那么此时又当如何追责？本书认为，应以是否具有"实际监督权"为依据进行判断。具体的判断规则如下：如果上级与下级共同作为船舶安全隐患的监管排查主体，那么上级与下级应该各自就注意义务范围内之事承担刑事责任。如果下级进行安全隐患排查，但是其没有对检查事项的最终处理权，那么，下级就需要将执法情况如实汇报给上级，由上级作出最后的处理决定。而在下级须向上级如实汇报的场合中，实际监督权发生转移，此时就不应当将危害后果的发生归责于下级，而应当追究具有实际监督权的上级的刑事责任。但如果下级由于未充分履行安全监督职责，而未能在现场执法工作中发现船舶安全隐患，则其就要承担安全监督过失的刑事责任。另外，如果下级发现了安全隐患但没有如实向上级汇报，也是由下级直接承担监督过失犯罪的刑事责任，因为此时实际监督权没能转移给上级。

二、有无共同注意义务

本书第二章已研究了航运安全监管过失犯罪的共犯形态。当由两个以上具有同等身份地位的行为人共同履行船舶安全的监督职责时，或者由两个以上具有同等身份地位的行为人共同履行船舶安全的管理职责时，共同违反了航运安全监督管理职责，而引发刑法构成要件危害结果的，那么，就可以成立共同过失犯罪。而之所以要判断其是否成立共同过失犯罪的初衷则在于，可以应用共同犯罪的"部分行为，全部责任"的处罚原则，即无论是由所有共同犯罪人的行为还是其中的一部分共同犯罪人的行为导致危害结果，也无论能否查清具体由谁的行为导致危害结果的发生，所有的共同犯罪人都要对危害结果承担刑事责任。在共同过失犯罪中，承担这种刑事责任原则的依据在于各过失行为人之间具有共同的注意义务，并且行为人之间的注意义务互相关联，行为人不仅要谨慎履行自身的注意义务，也需要对具有共同注意义务的其他行为人的行为进行关注，也要让对方遵守注意义务。所以，在航运安全监管过失案件中，也应当注意将违反共同航运安全监管注意义务，而引发刑法构成要件危害结果的各过失行为人纳入到航运安全监管过失犯罪刑事责任主体的考察范围之中。

三、实际管理权的强弱

在危害结果达到刑法构成要件危害结果时，通常可以根据实际监督权的有无来判断直接从事监督工作的责任人员的直属上级是否应当承担航运安全监督过失的刑事责任。但在实践中，不仅这种绝对的实际监督权的有无可以影响刑事责任主体范围的认定，实际管理权的强弱也会对航运安全监管过失犯罪主体的认定产生影响。对于危害结果较大或者巨大，或者产生了恶劣社会影响的航运安全监管过失案件，承担航运安全监管过失犯罪的刑事责任的主体不仅要考虑到对危害结果具有实际监督权限的上级，对危害结果的发生并不具有直接的监督权，而具有间接的管理权的相关责任人员也可能成为航运安全监管过失犯罪的主体，相关管理责任人由于怠于履行航运安全管理职责而应承担相应的刑事责任。此时，航运安全监管过失犯罪主体的认定范围就与危害结果的大小产生关联，危害结果越大，距离最终危害结果距离较远的管理人员就越具有承担刑事责任的可能性。

第二节　航运安全监管过失刑事责任的大小与依据

本书将水上交通事故发生的原因分为直接原因与间接原因两种。水上交通事故发生的直接原因主要包括水上交通运输直接参与者违反水上交通运输规则或水上生产作业相关规定的行为。在导致水上交通事故发生的因果链条中，直接原因与危害结果的距离最近。引起水上交通事故发生的直接原因的背后，也存在引起水上交通事故发生的间接原因，如具有航运安全监管职责的安监人员不履行或者不充分履行航运安全监管职责的行为。然而在实践中，有时导致水上交通事故发生的航运安全监管过失行为不仅仅是一种，承担航运安全监管过失刑事责任的主体也不止一个。对航运安全具有监督管理职责的不同主体的监管过失行为可能会相互竞合，共同引发水上交通事故，本节主要针对在航运安全监管过失行为相互竞合时，各个航运安全监管过失主体承担刑事责任的大小和依据进行探讨。

一、两种航运安全监管过失行为竞合的场合

两种航运安全监管过失行为竞合的场合主要指以下三种情形：船舶经营主体与海事等行政执法人员监管过失行为竞合、船上具有监管职责主体与船舶经营主体监管过失行为竞合，以及船上具有监管职责主体之间监管过失行为竞合。

（一）船舶经营主体与海事等行政执法人员监管过失行为竞合

在水上安全生产领域，对船舶安全运营具有监管职责的单位或者船舶的实际控制人是对船舶安全隐患具有排查义务的监管责任主体。以航运企业为例，作为安全生产责任主体，航运企业应当全面履行本企业船舶的安全监管职责，不仅要为船舶提供足够的岸基支持，也要为船舶提供适任船员，确保船舶及其设备不存在安全隐患。[1] 航运安全的实现不仅需要航运企业承担其安全监管职责，也需要海事管理部门介入对航运企业进行监管。[2] 交通运输部海事管理部门除了对航运企业的安全与防污染

---

[1] 《中华人民共和国航运公司安全与防污染管理规定》第5条规定："航运公司应当确保向船舶提供足够的资源和岸基支持，并对安全与防污染工作进行监控，保持船岸之间的有效联系。"第8条规定："航运公司应当为船舶配备满足最低安全配员要求的适任船员。"第11条规定："航运公司应当建立船舶安全与防污染监督检查制度，确保对船舶及其设备进行有效的维护和保养。"

[2] 《中华人民共和国航运公司安全与防污染管理规定》第3条规定："交通部主管全国航运公司安全与防污染工作。中华人民共和国海事局依照本规定对航运公司安全与防污染活动实施监督管理。有关海事管理机构依照中华人民共和国海事局确定的职责权限，具体负责本辖区航运公司安全与防污染活动的监督管理。"《中华人民共和国航运公司安全与防污染管理规定》第29条第1款规定："海事管理机构应当建立、健全航运公司安全与防污染的监督检查制度，对航运公司的安全与防污染管理活动实施监督检查。监督检查的情况和处理结果应当记录，由监督检查人员签字后归档。"第30条规定："航运公司所在地海事管理机构发现航运公司在安全与防污染管理方面存在安全隐患时，应当责令其立即消除或者限期消除。"

工作进行监管，也需要到港口码头，对船舶安全进行现场监管。[1]

在由具体安全隐患（直接操作人员的不安全行为或者船舶设备的不安全状态）而引起的水上交通事故，产生刑法构成要件危害结果的场合，首先就应当考虑追究航运企业中"直接负责的主管人员和其他直接责任人员"或者船舶实际控制人的监管过失的刑事责任。然而，海事等政府管理部门作为航运安全监管的最后一道防线，当海事等政府管理部门的相关责任人员对于引发安全生产事故的安全隐患也具有排查义务而未能排查出隐患，或者是排查出了安全隐患而未要求航运企业或者船舶实际控制人及时整改时，也需要追究海事或其他政府管理部门中相关人员的监管过失的刑事责任。如果航运企业或者船舶实际控制人完全排除了事故隐患，那么水上交通事故在很大程度上是可以避免的；如果海事等政府行政执法人员在现场执法工作过程中，发现了安全隐患并及时要求航运企业或者船舶实际控制人进行整改，或者限制带病船舶出航，那么事故也是可以避免的。可以说，航运企业中的相关责任人员或者船舶实际控制人，与海事等政府执法人员都处于危险源控制地位，他们的监管过失行为都升高了危害结果发生的危险，为介入因素引发危害结果提供了机会。此时，航运企业的相关责任人员涉嫌构成重大劳动安全事故罪（船舶实际控制人涉嫌构成重大责任事故罪），而海事等政府行政执法人员则涉嫌构成玩忽职守罪。由于航运经营主体与海事等行政执法人员的监管过失行为所涉的罪名不同，所以两者的刑事责任的大小并不互相产生影响，只需根据重大劳动安全事故罪（重大责任事故罪）与玩忽职守罪的入罪和量刑标准确定航运经营主体与海事等政府行政执法人员是否承担刑事责任以及承担刑事责任的大小。

---

[1]《交通运输部海事局关于印发〈海事现场执法工作规范〉的通知》（海政法〔2017〕63号）第4条规定："直属海事管理机构负责对海事现场执法工作实施监督和提供专业支持。分支海事管理机构负责建立健全海事现场执法配套机制及制度，协调局内统一执法行动，提供执法资源保障和指导，实施定期监督评价。基层海事处具体实施职权范围内的海事现场执法工作。未设置基层海事处的分支海事管理机构，依照本规范履行基层海事处有关海事现场执法职责。执法组（队）按照监管责任区特点和统一调派，综合履行巡航巡查、检查核查、规费稽查、隐患排查、船舶安检、现场监督及现场处罚、现场强制等各类现场执法业务。"

应当注意的是，由于对船舶安全运营具有监管职责的单位的相关责任人员或者船舶的实际控制人是船舶安全隐患排查的责任主体，所以，在由船舶安全隐患引发了刑法构成要件危害后果的事故中，都需要追究对船舶安全具有监管职责的单位的相关责任人员或者船舶实际控制人的监管过失犯罪的刑事责任。但是在追究海事或其他政府主管部门安监人员的刑事责任时应当慎重。原因在于，虽然海事或其他政府主管部门的安监人员对船舶具有安全隐患排查的义务，但是当引发水上交通事故的安全隐患的排查工作不是海事或其他政府主管部门安监人员的工作内容时，则不可以追究海事或其他政府主管部门安监人员的刑事责任。例如，海事行政执法人员现场执法的工作内容繁多，包括巡航巡查、检查核查、规费稽查、隐患排查、船舶安检、现场监督及现场处罚、现场强制等，如果海事行政执法人员对事故船舶进行了执法活动，但是并不是对船舶进行隐患排查的工作，或者即使隐患排查是海事行政执法人员的工作内容，但是其具体的检查内容并不包括排查"引发事故发生的安全隐患"时，海事行政执法人员就不具有危险源控制地位，因此，不需要对由此产生的危害后果承担刑事责任。

（二）船上具有监管职责主体与船舶经营主体监管过失行为竞合

经调查，若一起水上交通事故的发生的间接原因是海事等行政执法人员存在监管过失行为时，那么一定有船舶经营主体的监管过失行为存在。这是因为，海事等政府行政执法人员对航运安全的监管具有最后的保障作用，因此，存在海事等政府行政执法人员疏于履行对安全隐患进行排查的监管过失行为的前提是船舶经营主体未尽到航运安全监管职责，使船舶在具有安全隐患的情况下出航作业。但是，当有船舶经营主体的监管过失行为存在时，就不一定会存在海事等政府行政执法人员的监管过失行为。如前文所述，当事故船舶的安全隐患的排查义务并不归属于海事等政府行政执法人员时，就不能要求海事等政府行政执法人员承担航运安全监管过失的责任。可见，并不是在所有的场合都可以追究海事等政府行政执法人员的监管过失责任。但是，在实践中，引起水上交通事故的原因可能并不单是由船舶经营主体疏于履行航运安全监管职责造成的。船舶经营主体的监管过失行为可能与船上具有监管职责主体的监管过失行为竞合而引发水上交通事故。例如，船长疏于履行对值班驾驶员的监管职责，致使值班驾驶员在醉酒状态下驾驶船舶引发了水上交通事故。经调查发现，船舶的载重线被船舶经营主体擅自更改，致使船舶稳性不佳，这也是导致水上交通事故产生的间接原因。此时，不仅值班驾驶员涉嫌构成交通肇事罪，具有监管过失的船长也涉嫌构成交通肇事罪。另外，当船舶经营主体是航运企业时，相关责任人员涉嫌构成重大劳动安全事故罪，当船舶经营主体是个人时，该主体涉嫌构成重大责任事故罪。此时，船长与船舶经营主体涉嫌触犯的罪名不同，需要结合重大劳动安全事故罪（重大责任事故罪）与交通肇事罪的入罪标准和量刑标准分别确定不同主体是否承担刑事责任，以及承担刑事责任的大小。

（三）船上具有监管职责主体之间监管过失行为竞合

除上述船舶经营主体与海事等政府行政执法人员过失竞合、船舶经营主体与船上具有监管职责的主体过失竞合可以成为引发水上交通事故的原因以外，船上具有监管职责主体之间的过失竞合也可能会成为引发水上交通事故的原因。例如，1982年5月5日，上海海运局"大庆53"号油轮从上海空放秦皇岛途中，由于唐某某违章进行电焊操作，造成爆炸起火，事故发生后，逃生时无人指挥，船员们混乱不堪，又由于船体倾斜，已无法放下救生艇。这时有人拖出两只气胀式救生筏，但不幸的是一只的阀盖打不开，另一只救生筏入水后筏底朝天。[1]在本案中，事故的发生与最终的危害结果之间存在两个介入因素。第一，逃生时无人指挥，船员混乱不堪，救生筏入水后筏底朝天无法使用；第二，由于三副的管理过失致使另一个救生筏无法有效使用。由此可见，船长与三副的管理过失都是引起事故发生的监管过失原因。船长疏于落实消防等救生演习，同时三副对其负责的救生设备管理不力，导致在遇到突发情况时救生设备不能正常使用。本案应该根据危害结果的大小，以及两个主体

---

[1] 参见中华人民共和国长江海事局编：《海上交通事故案例》，武汉理工大学出版社2011年版，第55页。

对危害结果的发生所起作用的大小，以重大责任事故罪分别追究两主体的监管过失的刑事责任，刑事责任的大小应当根据重大责任事故罪的量刑标准进行确定。

二、三种以上航运安全监管过失行为竞合的场合

从上文可以看出，当两种航运安全监管过失刑事责任竞合时，应当对各监管过失主体依据其所涉嫌触犯的罪名分别定罪量刑。定罪与量刑的依据为危害结果的大小以及监管过失行为对危害结果发生所起作用的大小。而在实践中，有时引起水上交通事故的间接原因不仅只有两种航运安全监管过失行为，也有可能存在三种甚至三种以上航运安全监管过失行为相互竞合而共同引发水上交通事故。实际上，无论是几种航运安全监管过失行为共同引发了危害后果，只需要对实施各监管过失行为的主体依据其所涉嫌触犯的罪名分别定罪量刑，即应当结合交通肇事罪、重大责任事故罪、强令违章冒险作业罪、重大劳动安全事故罪以及玩忽职守罪的入罪和量刑标准对行为人是否应当承担刑事责任，以及承担刑事责任的大小进行判断。应当注意的是，无论是在两种监管过失责任竞合，还是三种以上监管过失责任竞合的场合，判断各主体是否应当承担相应犯罪的刑事责任，除了应结合相应犯罪的入罪标准，还要结合危害行为与危害结果之间的因果关系理论，特别是结果回避可能性理论对监管过失主体是否应当承担刑事责任进行判断。

第三节　司法实践中航运安全监管过失犯罪主体的认定

在航运安全监管过失犯罪案件中，通常情况下，危害结果是由于介入因素直接引起的。介入因素引起水上交通事故是由于航运安监人员的监管失职行为所埋下的安全隐患所致。实践中，要找到承担航运安全监管过失刑事责任的主体，就要从介入因素入手，分析水上交通事故产生的原因，并以此为线索寻找到为介入因素的介入提供机会的航运安全监管失职人员，从而判断出对危险源具有控制地位的相关责任人员。在此基础上，再借鉴上述实际监督权的有无、是否存在共同注意义务的违反

以及实际管理权的强弱对航运安全监管过失犯罪的刑事责任的主体进行判断。

一、"明珠岛二号倾覆案"中犯罪主体的认定

以"明珠岛二号倾覆案"为例。该案中,被告人卫某分管港航局工作;被告人牛某某,分管交通航运中心工作;被告人韩某某,分管水上安全工作;被告人张某某,负责桐树岭港监站工作。2004年6月14日,河南省小浪底风景区管理委员会办公室正式下发全面停止水上旅游活动的通知。2004年6月22日16时,某某市化工厂129名职工,分别乘坐"明珠岛一号""明珠岛二号"船旅游,桐树岭港监站站长张某某、郭某某等人不按规定对船员配备、载客人数、救生消防设施进行监督检查。"明珠二号"船在载客人数严重超员、救生、消防设施不齐备,配员严重不足的违规情况下出航,同时,张某某、郭某某等人又对"明珠岛二号"船私自跨越航线未能及时发现。该船在返航途中突遇大风强对流天气,船体倾覆,造成死亡20人,失踪22人,直接经济损失2000万元。[1]本案的最终危害结果的产生是由两种介入因素所致。其一,船员和船舶问题,船员配备不足、乘客超载、消防救生设备不齐全。其二,自然因素,在调水调沙期间水文条件不适航,船舶在途中突遇大风强对流天气。这两方面因素都是本应控制的危险源,对船舶是否满足配员要求、乘客是否超载以及救生设备是否齐全具有监督职责的责任人,与在水文条件不满足航行要求应制止船舶出航的责任人都具有危险源控制地位,都可以成为本案中航运安全监管过失犯罪的刑事责任的主体。

在核实了导致事故发生的直接原因之后,就要进一步找出导致介入因素出现的原因,或者说是进一步寻找为介入因素的出现提供机会的原因。重点考察是否是由于相关责任人员违反法律法规的行为而为介入因素的介入提供了机会。张某某作为桐树岭港监站站长,放弃履行职责,使船舶在封航期间违规出航。并对船舶船员不足、乘客严重超载、消防

---

[1] 参见易益典:《风险社会中监督过失犯罪的刑法治理》,中国社会科学出版社2014年版,第159—160页。

救生设备不齐全未能及时发现。[1]因此其具有直接的监管过失涉罪行为,应当承担航运安全监督过失的刑事责任。

另外,如果贯彻执行封航的命令,那么船舶就不会出航,在船舶不出航的情况下,危害结果完全可以避免。所以,可以将事故的发生归责于未执行封航命令的主体。由于封航的目的在于避免发生水上交通事故,本案中发生的危害结果是封航命令所排斥的风险,而作为对安全生产负责的责任主体能够认识到封航的意图,所以应该肯定其具有对结果的预见能力。在本案中,卫某作为济源市交通局副局长兼风景管理局局长,其工作职责是:贯彻执行有关法规、规章,负责组织全市水上交通安全检查,督促港航企业加强安全管理。但其接到调水调沙期间封航通知后,对工作严重不负责任,不执行封航规定。[2]所以,应当追究其玩忽职守罪的刑事责任。另外,分管交通航运中心港航管理局副局长牛某某,与分管水上安全工作的港航管理局副局长韩某某,以及桐树岭港监站站长张某某,他们明知有调水调沙禁止航行的规定,但却对规定视而不见,也是导致自然因素介入引发危害结果的原因。卫某、牛某某、韩某某以及张某某具有共同的违反航运安全管理职责的行为——应当履行禁航规定而不履行,而共同引发危害结果,成立共同过失犯罪,因此都应当成为本案航运安全监管过失犯罪的主体,过失的具体表现形式是管理过失。

二、"大舜号案"中犯罪主体的认定

"大舜"号翻沉是由多种因素造成的。其一,天气因素。事故发生时海上风力达到10级,浪高8米。其二,船长决策失误。船长在遭遇恶劣自然环境时,未能抛锚,也未能进行冲滩,而是调头返航。船舶在狂风中掉头,与狂风形成了垂直性相遇,加之海浪过高,加剧了船舶翻沉的危险。其三,船舱着火。"大舜"号底舱有60余辆汽车,在船舶摇晃中发生碰撞起火,导致"大舜"号失去动力。这三个方面都是引发危害结

---

[1] 贺恒扬:《渎职犯罪刑法偶然因果关系的认定(上)》,载《中国检察官》2006年第10期,第23页。

[2] 贺恒扬:《渎职犯罪刑法偶然因果关系的认定(上)》,载《中国检察官》2006年第10期,第23页。

果的实际危险源，都是本应控制的因素。仔细分析上述三方面原因，其中有两点涉及监督管理过失问题：未阻止船舶冒险出航的相关责任人，以及未妥善对船舱车辆捆绑工作进行监管的相关责任人都可能成为航运安全监管过失犯罪刑事责任的主体。

首先，在看似由不可抗力的自然因素导致的事故的背后，存在人为因素。如果"大舜"号不出航，那么事故就不会发生，结果就可以避免。当"大舜"号出航时，海上已刮起7—8级大风，浪高近10米，在这种情况下，出海十分危险。而致使"大舜"号出海主要有两方面原因：一方面，烟大公司盲目追求经济利益，逃避监管指使船长出海。如果烟大公司相关责任人员实施了法所期待的行为，在海上气候环境不适航时，不允许船舶出航，那么事故就是可以避免的；另一方面，烟大公司"大舜"号所在的地方港未能受到海监部门的有效控制，致使"大舜"号漏网出海。可以说，如果烟台海监局能够对"大舜"号进行有效的监控，及时制止"大舜"号出海，那么，事故也是可以避免的。所以，由于烟大公司相关责任人员与烟台海监局的责任人员过失竞合的行为，而导致"大舜"号冒险出海。另外，应当注意的是，烟台海监局作为安全监管的最后一道防线，由于其监管过失导致"大舜"号出海，其对事故的发生具有不可推卸的责任。但是，此时也不允许烟大公司以烟台海监局所具有的监管过失行为为由，而推卸其自身的责任。一方面，在刑法理论中，行为对于结果的发生不必然具有"排他性"支配的控制力。也正因为如此，在由多种介入因素共同作用导致危害结果发生的情况下，可以追究引发各个介入因素，或者为各个介入因素介入提供机会的监管人员的监管过失责任。正如日本学者所言，即便作为正犯的作为义务的根据，要求存在对结果的支配，那也不必是"排他性"支配，只要在指向结果发生的数个要因之中，存在能够左右其中某个要因的地位或者权限即可。[1]另一方面，刑法坚持罪责自负原则，在行为人自身存在过错行为的前提下，自然不允许其用他人的过错来否定自身的责任。有学者也指出，如

---

[1] 参见[日]山口厚：《刑法总论》，日本有斐阁2007年第2版，第89页。转引自[日]桥爪隆著，王昭武译：《过失犯中结果避免义务的判断——以"明石人行桥踩踏事件"日本最高裁判所决定为例》，载《东方法学》2016年第5期，第149页。

果就此否定每个人的违反义务与结果之间的关联并不符合刑事政策的考量，因为每个人都可以用别人的错误来推卸责任。[1]所以，烟大公司不可以烟台海监局的错误行为而推卸自身的责任。因此，不仅要追究烟台海监局相关人员的监管过失的责任，也应当追究烟大公司中指使船舶出海的责任主体的刑事责任。在制止船舶出航方面，烟大公司相关责任人员与烟台海监局的相关责任人员都具有危险源控制地位，因此都应当承担监管过失犯罪的刑事责任。

其次，船长的错误操作也是引发结果的重要原因。但是这个原因背后，并不存在监督过失方面的责任，而鉴于船长在事故中死亡，所以不再对其追责。

最后，车辆碰撞起火，导致船舶失去动力，也是引发事故的重要原因。经过事后调查，山东省烟台海监局安全监督员都基军，烟大公司海监室监督员范世会，在对"大舜"号进行安全检查过程中，违反海上交通法规和规章制度，对检查中发现的车辆没有系固和系固不良等违规行为未予制止，致使"大舜"号带着事故隐患出航。因此，烟大公司海监室监督员范世会、烟台海监局安全监督员都基军也是应当承担航运安全监管过失犯罪刑事责任的主体。应当注意的是，烟大公司安全监督员范世会与烟台海监局安全监督员都基军并不具有平等的身份，所以两者并不具有违反共同注意义务的身份条件，所以二者不能构成共同过失犯罪，只成立过失的竞合。

三、"刘某、王某玩忽职守案"犯罪主体的认定

海事行政执法人员刘某、王某在海事现场检查执法工作中严重不负责任，不认真履行职责，致使寿光祥龙航运有限公司"寿海188"轮在未依法办理签证、配员不足、船员无适任证书的情况下出海作业，致使该轮与"冀滦渔03840"轮发生碰撞。一审法院判处被告人刘某与王某构成

---

[1] 徐凌波：《义务违反的竞合与结果可避免性》，载《南京大学学报（哲学·人文科学·社会科学）》2018年第2期，第139页。

渎职犯罪，二审维持原判。[1] 在上述"刘某、王某玩忽职守案"中，危害结果是由于"寿海188"轮与"冀滦渔03840"轮发生碰撞所引起的，不适任船员违反水上交通运输规则而引发水上交通事故是本案的直接原因。因此，不适任船员是本案的现实危险源。而未对"寿海188"轮进行妥当监管的船公司的相关责任人员以及海事行政执法人员都具有危险源控制地位，都可能成为航运安全监管过失犯罪的刑事责任主体。经调查发现，海事行政执法人员刘某、王某在海事现场检查执法工作中严重不负责任，不认真履行职责，致使寿光祥龙航运有限公司"寿海188"轮在未依法办理签证、配员不足、船员无适任证书的情况下出海作业，因此，刘某和王某构成玩忽职守罪，成立共同过失犯罪。另外，由于"寿海188"轮所属的船公司是对"寿海188"轮的安全生产负责的责任主体，因此，船公司的相关责任人员也涉嫌构成了航运安全监管过失犯罪，也应当成为本案承担航运安全监管过失犯罪刑事责任的主体。

---

[1] 海事行政执法人员刘某、王某在海事现场检查执法工作中严重不负责任，不认真履行职责，致使寿光祥龙航运有限公司"寿海188"轮在未依法办理签证、配员不足、船员无适任证书的情况下出海作业，致使该轮与"冀滦渔03840"轮发生碰撞。一审法院判处被告人刘某与王某构成渎职犯罪，二审维持原判。参见（2016）鲁0783刑初440号，（2016）鲁07刑终554号。

第七章　航运安全监管过失刑事责任追诉制度的完善

在前面的章节中，我们通过对航运安全监管过失犯罪所涉的罪名、航运安全监管过失犯罪的实行行为、危害结果、因果关系以及承担航运安全监管过失犯罪刑事责任主体等问题，为司法实践中追究航运安全监管过失涉罪人员的刑事责任提供了借鉴。但是，要实现对航运安全监管过失涉罪行为的恰当规制，妥善追究航运安全监管过失犯罪行为人的刑事责任，也应当对航运安全监管过失所涉罪名的入罪标准和升格法定刑标准进行完善，从而实现对航运安全监管过失涉罪人员定罪和处罚的公正性。与此同时，在程序层面，也应当对实践中航运安全监管过失涉罪案件的调查和移送困境予以关注，完善航运安全监管过失涉罪案件的调查与移送机制，在此基础上，通过赋予海事法院航运安全监管过失涉罪案件的审判权，实现对航运安全监管过失涉罪案件审判模式的恰当规划。

第一节　实体法律制度层面的完善措施

在实体法律制度层面，航运安全监管过失犯罪所涉的重大责任事故罪等罪名的入罪标准或者升格法定刑标准并不能实现恰当追究和惩治航运安全监管过失犯罪主体的目的。例如，刑法条文没有设定对失踪人的相关规定，在入罪标准和升格法定刑标准层面没有充分对行为人责任的大小进行规定。因此，有必要进一步完善航运安全监管过失犯罪所涉罪名的入罪标准与升格法定刑标准。

一、对人员失踪进行刑法评价

《最高人民法院研究室关于遇害者下落不明的水上交通肇事案件应如何适用法律问题的电话答复》（以下简称《电话答复》）在 1992 年 10 月 30 日由最高人民法院研究室颁布，其具体内容为："四川省高级人民法院：你院川高法研〔1992〕15 号《关于遇害者下落不明的水上交通肇事案件应如何适用法律的请示》收悉。经研究，同意你院的倾向性意见，即在水上交通肇事案件中，如有遇害者下落不明的，不能推定其已经死亡，而应根据被告人的行为造成被害人下落不明的案件事实，依照刑法定罪处刑，民事诉讼应另行提起，并经过宣告失踪人死亡程序后，根据法律和事实处理赔偿等民事纠纷。"从上述《电话答复》的内容可知，最高人民法院否定了宣告死亡制度在刑法中的应用，而是主张根据失踪人下落不明的事实直接定罪处罚。尽管失踪的落水人员生还的可能性微乎其微，但是在刑法的视角下衡量，不宜将失踪推定为死亡。民法中存在的宣告死亡制度，是为了解决失踪人财产等民事法律关系问题，失踪人再次出现后，财产等民事法律关系在一定程度上可以恢复。鉴于刑法制裁涉及对行为人自由甚至生命的剥夺，若通过宣告死亡，将被害人失踪的危害后果等同于死亡的后果，而对行为人进行定罪量刑，会给冤假错案产生带来机会，对被告人自身和家属带来的伤害无法弥补。质言之，若在刑法中适用推定死亡的逻辑，将过度扩大犯罪圈，有违刑法的谦抑性原则，并且与刑法人权保障的机能相悖。

虽然不能将失踪推定为死亡，但是我们也不能对失踪这一危害后果视而不见。实际上，落水失踪人员死亡的可能性极高，尤其是深海地区，落水人员生还的可能性微乎其微。而鉴于水域的广阔性和流动性，打捞尸体绝非易事，落水人员事实上死亡了，而无法找到尸体的可能性极大。如果坚持"找到尸体就可以定罪，而找不到尸体就无罪"，则会有放纵犯罪之嫌。鉴于此，有学者认为应当将失踪状态本身作为法定的交通肇事罪的构成要件结果，并进一步指出应将一定数量的失踪人数作为交通肇事罪的入罪与量刑标准。[1]将人员失踪作为交通肇事罪的法定危害结果确定下来，完善了上述《电话答复》中"根据被告人的行为造成被害人下落不明的案件事实，依照刑法定罪处刑"的规定。然而，只在交通肇事罪中将失踪的危害后果法定化的做法并不全面。水上交通事故的发生，落水人员下落不明的危害后果也可能是由于航运安全监管人员的失职行为所致。所以，为了避免处罚漏洞，避免航运安全监管失职犯罪人员逃避法律的制裁，人员失踪的危害结果不仅要在交通肇事罪的入罪与量刑标准中有所体现，更应在航运安全监管过失犯罪所涉罪名的入罪与量刑标准中有所规定。

如前文所述，本书所研究的航运安全监管过失犯罪的罪名包括交通肇事罪、重大责任事故罪、强令违章冒险作业罪、重大劳动安全事故罪以及玩忽职守罪。《最高人民法院、最高人民检察院关于办理危害生产安全刑事案件适用法律若干问题的解释》（法释〔2015〕22号）规定了重大责任事故罪、强令违章冒险作业罪、重大劳动安全事故罪的入罪标准与升格法定刑的标准。[2]《最高人民法院、最高人民检察院关于办理渎职刑事案件适用法律若干问题的解释（一）》规定了玩忽职守罪的入罪标准

---

[1] 交通肇事罪定罪量刑标准界定为：负事故全部或主要责任，死亡1人、失踪2人、重伤3人或者财产损失无力赔偿数额达到30万元的；负事故同等责任，死亡3人或者失踪5人的以交通肇事罪判处3年以下有期徒刑或者拘役；负事故全部或主要责任，死亡2人、失踪4人、重伤5人或者财产损失无力赔偿数额达到60万元的；负事故同等责任，死亡6人或者失踪10人的判处3年以上7年以下有期徒刑。参见赵微、王慧：《水上交通事故"人员失踪"的刑法定性研究》，载《苏州大学学报》2013年第1期，第91页。

[2] 根据《最高人民法院、最高人民检察院关于办理危害生产安全刑事案件适用法律若干问题的解释》第6条的规定，重大责任事故罪、强令违章冒险作业罪、重大劳动安全事故罪的入罪标准为："（一）造成死亡一人以上，或者重伤三人以上的；（二）造成直接经济损失一百万元以上的；（三）其他造成严重后果或者重大安全事故的情形。升格法定刑的标准为：（一）造成死亡三人以上或者重伤十人以上，负事故主要责任的；（二）造成直接经济损失五百万元以上，负事故主要责任的；（三）其他造成特别严重后果、情节特别恶劣或者后果特别严重的情形。"

和升格法定刑标准。[1]上述这些航运安全监管过失犯罪所涉的罪名无论是在入罪标准层面，还是在量刑情节设定的层面都没有将人员失踪考虑在内。为了避免"找到了尸体可以将航运安全监管失职人员定罪，而找不到尸体无法将航运安全监管失职人员定罪"的不合理现象的发生，我国刑法也应当将人员失踪作为航运安全监管过失犯罪的法定的构成要件结果。而鉴于失踪不等于绝对的死亡结果，失踪人员也有生还的可能性，所以，从危害后果的严重程度方面进行衡量，失踪的严重性小于死亡的严重性。同时，由于水域固有特点，落水失踪人员死亡的概率极大，为了进一步保护法益，应当认为失踪的严重程度大于重伤的严重程度。综上所述，对于航运安全监管过失犯罪的危害后果来说，人员死亡危害后果的严重性大于人员失踪危害后果的严重性，而人员失踪危害后果的严重性同时也大于人员重伤危害后果的严重性。质言之，在航运安全监管过失犯罪领域，应当将失踪的危害性评价为介于死亡的危害性与重伤的危害性之间。鉴于此，本书对航运安全监管过失犯罪所涉的交通肇事罪、重大责任事故罪、强令违章冒险作业罪、重大劳动安全事故罪以及玩忽职守罪的入罪标准和升格法定刑的标准进行了如下调整。首先，建议通过司法解释将交通肇事罪、重大责任事故罪、强令违章冒险作业罪、重大劳动安全事故罪的入罪条件调整为："死亡1人以上，失踪2人以上，或者重伤3人以上负事故全部或主要责任的"，升格法定刑的条件调整为："造成死亡3人以上，失踪6人以上，或者重伤10人以上，负事故全部或主要责任的。"其次，将玩忽职守罪的入罪标准调整为："造成死亡1人以上，或者失踪2人以上，或者重伤3人以上，或者轻伤9人以上，或者重伤2人、轻伤3人以上，或者重伤1人、轻伤6人以上的。"

---

[1] 根据《最高人民法院、最高人民检察院关于办理渎职刑事案件适用法律若干问题的解释（一）》第1条的规定，玩忽职守罪的入罪标准为："（一）造成死亡1人以上，或者重伤3人以上，或者轻伤9人以上，或者重伤2人、轻伤3人以上，或者重伤1人、轻伤6人以上的；（二）造成经济损失30万元以上的；（三）造成恶劣社会影响的；（四）其他致使公共财产、国家和人民利益遭受重大损失的情形。"升格法定刑的标准为："（一）造成伤亡达到前款第（一）项规定人数3倍以上的；（二）造成经济损失150万元以上的；（三）造成前款规定的损失后果，不报、迟报、谎报或者授意、指使、强令他人不报、迟报、谎报事故情况，致使损失后果持续、扩大或者抢救工作延误的；（四）造成特别恶劣社会影响的；（五）其他特别严重的情节。"

二、在入罪标准和升格法定刑标准层面明确责任大小

在水上交通运输领域，负有航运安全监管职责的安监人员的监管过失行为可能是导致水上交通事故的重要原因。要正确对安监人员监管过失的涉罪行为定罪量刑，就需要合理确定安监人员的监管过失行为对危害结果发生所起作用的大小。因此，本书认为，为了合理限定犯罪范围，同时也为避免造成量刑的畸轻畸重，应当将主要责任、次要责任、同等责任的概念与玩忽职守罪等航运安全监管过失类罪名的入罪标准与升格法定刑的标准结合起来。

实际上，2011年12月30日公布的《最高人民法院关于进一步加强危害生产安全刑事案件审判工作的意见》已经指明："多个原因行为导致生产安全事故发生的，在区分直接原因与间接原因的同时，应当根据原因行为在引发事故中所起作用的大小，分清主要原因与次要原因，确认主要责任和次要责任，合理确定罪责。"可见，确定原因行为对事故发生所起责任的大小已经被司法解释所明确。不仅如此，最高人民法院也应将此观点具体化，通过司法解释或指导性案例的形式将监管过失犯罪所涉罪名的危害结果与主要责任、次要责任以及同等责任进行结合，合理确定监管过失犯罪所涉罪名的入罪标准与升格法定刑标准。

另外，本书曾指出在航运安全监管过失犯罪的因果关系判断中，应当引入风险升高理论，当安监人员的监管过失行为显著升高了危害结果出现的危险的场合，就应当肯定安监人员的过失行为与危害结果之间具有事实归因关系，可以对安监人员进行刑事追责。但是，应当明确，风险升高理论的引入是在航运安全监管过失犯罪所涉罪名的入罪和升格法定刑标准只涉及危害结果的大小，而没有考量到行为人对危害结果所应承担责任的大小时的无奈之举。如果将航运安全监管过失犯罪的入罪标准和升格法定刑的标准与安监人员监管过失行为对危害结果所起的作用大小，即对危害结果的发生所承担的责任的大小相结合，航运安全监管过失犯罪则无须借助风险升高理论对行为人进行刑事追责，只需结合具体的危害结果及安监人员对危害结果的发生所承担责任的大小直接定罪量刑。而在对航运安全监管过失行为人进行责任大小的认定时，应当根

据其岗位职责、履职情况等内容合理确定罪责。例如，如果对事故的发生起到决定性、关键性作用的，那么相应的安监人员应当对事故的发生承担主要责任。

具体来讲，可将重大责任事故罪、强令违章冒险作业罪、重大劳动安全事故罪的入罪标准的第 1 条和第 2 条分别作以下修改：造成死亡 1 人以上，或者重伤 3 人以上的，负事故全部或者主要责任的；造成直接经济损失 100 万元以上的，负事故全部或者主要责任的。鉴于《最高人民法院、最高人民检察院关于办理危害生产安全刑事案件适用法律若干问题的解释》第 7 条已对重大责任事故罪、强令违章冒险作业罪、重大劳动安全事故罪的升格法定刑标准与责任的大小相结合[1]，所以无须对其进行修改。另外，对玩忽职守罪的入罪标准的第 1 条与第 2 条分别作如下修改：造成死亡 1 人以上，或者重伤 3 人以上，或者轻伤 9 人以上，或者重伤 2 人、轻伤 3 人以上，或者重伤 1 人、轻伤 6 人以上的，负事故全部或者主要责任的；造成经济损失 30 万元以上的，负全部或主要责任的；对玩忽职守罪升格法定刑的标准的第 1 条与第 2 条作如下修改：造成伤亡达到前款第（一）项规定人数 3 倍以上的，负事故全部或者主要责任的；造成经济损失 150 万元以上的，负事故全部或者主要责任的。

三、关于是否设立"监管过失罪"的思考

在刑法理论中，有学者提出了要在刑事立法中增设监督过失犯罪的主张。例如，有学者指出：由于概念上的不统一，理论研究难以深化，司法实务操作也不一致，监督过失责任追究常有行政化之嫌。设立独立的监督过失罪罪名，把发生在生产、经营、服务、国家行政管理等过程中的领导及指导过失的行为形态、责任统一起来，一方面可以深化过失犯罪理论；另一方面也可以为司法机关追究管理人员的刑事责任提供统

---

[1]《最高人民法院、最高人民检察院关于办理危害生产安全刑事案件适用法律若干问题的解释》第 7 条将重大责任事故罪、强令违章冒险作业罪、重大劳动安全事故罪的升格法定刑标准界定为："（一）造成死亡三人以上或者重伤十人以上，负事故主要责任的；（二）造成直接经济损失五百万元以上，负事故主要责任的；（三）其他造成特别严重后果、情节特别恶劣或者后果特别严重的情形。"

一的依据，避免无法可依或罪名上的张冠李戴。[1]同时也有学者认为，应在《刑法》分则第九章"渎职罪"中设立"监督过失罪"，作为专指职务关系中监督过失犯罪的独立罪名。具体做法，可以考虑在第397条第一款后增设一款，规定："负有直接监督管理职责的国家机关工作人员严重不负责任，导致发生重大食品安全、环境污染、公共卫生等事故，致使公私财产、国家和人民利益遭受重大损失的……"[2]上述学者所提出的"监督过失罪"中的监督过失是在广义上进行探讨的，是包含管理过失在内的监督过失。为了便于理解，本书将学者所称的"监督过失罪"直接指代为"监管过失罪"。

然而本书并不赞同在刑法中增设"监管过失罪"。实际上，监督管理过失犯罪可指代两种不同的情形，分别是业务监管过失犯罪与职务监管过失犯罪。对于业务监管过失犯罪而言，可以在刑法分则第二章中寻找恰当的罪名进行规制，例如，重大责任事故罪、强令违章冒险作业罪、重大劳动安全事故罪等罪名都可以用来规制具有监督管理地位的行为人的监督管理过失的涉罪行为。刑法条文直接表明追究"直接负责的主管人员和其他直接责任人员"以及"直接责任人员"可以体现出该罪名包含了具有监督管理职责的主体在内；另外，从《关于办理危害生产安全刑事案件适用法律若干问题的解释》关于重大责任事故罪、强令违章冒险作业罪、重大劳动安全事故罪等罪名的犯罪主体的规定[3]可以看出，我国刑法并不缺少规制业务监管过失犯罪的立法资源。在职务监管过失

---

[1] 易益典：《论监督过失理论的刑法适用》，载《华东政法大学学报》2010年第1期，第81页。
[2] 易益典：《风险社会中监督过失犯罪的刑法治理》，中国社会科学出版社2014年版，第273页。
[3] 《最高人民法院、最高人民检察院关于办理危害生产安全刑事案件适用法律若干问题的解释》第1条规定："刑法第一百三十四条第一款规定的犯罪主体，包括对生产、作业负有组织、指挥或者管理职责的负责人、管理人员、实际控制人、投资人等人员，以及直接从事生产、作业的人员。"第2条规定："刑法第一百三十四条第二款规定的犯罪主体，包括对生产、作业负有组织、指挥或者管理职责的负责人、管理人员、实际控制人、投资人等人员。"第3条规定："刑法第一百三十五条规定的'直接负责的主管人员和其他直接责任人员'，是指对安全生产设施或者安全生产条件不符合国家规定负有直接责任的生产经营单位负责人、管理人员、实际控制人、投资人，以及其他对安全生产设施或者安全生产条件负有管理、维护职责的人员。"第4条规定："刑法第一百三十九条之一规定的'负有报告职责的人员'，是指负有组织、指挥或者管理职责的负责人、管理人员、实际控制人、投资人，以及其他负有报告职责的人员。"

犯罪方面，刑法分则第九章规定的玩忽职守罪完全可以用来规制国家机关工作人员职务上的监管过失涉罪行为。但有学者对此进行了否认，并指出：玩忽职守罪属于普通的职务过失犯罪，其基本构造一般可以表述为：公职人员的玩忽职守行为→危害结果；而职务关系中监督过失的基本构造则是：公职人员的过失＋被监管企业或者从业人员的行为→危害结果。[1]然而，我国刑法并未规定玩忽职守罪的危害结果必须是由玩忽职守的行为所直接造成的，且不允许其中有任何中间因素的介入。"致使重大损失的发生"只是表明行为人的玩忽职守的行为与重大损失的后果之间存在因果关系，至于是直接的还是间接的在所不问。实际上，我国的司法实践早已承认间接的因果关系也可成立玩忽职守罪，另外，最高人民检察院在《杨某玩忽职守、徇私枉法、受贿案》的裁判要旨表明："如果负有监管职责的国家机关工作人员没有认真履行其监管职责，从而未能有效防止危害结果发生，那么，这些对危害结果具有'原因力'的渎职行为，应认定与危害结果之间具有刑法意义上的因果关系。"

由此可知，我国的指导性案例也认为，间接的因果关系也可构成玩忽职守罪等渎职犯罪。

综上所述，不论是针对业务监督管理过失犯罪还是职务监督管理过失犯罪都不需要设立监管过失罪。现有的立法资源已经为我们提供了惩治监督管理过失犯罪的罪名，无须新设立"业务监管过失罪"，抑或是"职务监管过失罪"，抑或是"监管过失罪"。倘若如此，只会造成刑法罪名适用的混乱。所以，在航运安全监管过失犯罪领域，只需要针对航运安全监管过失主体的监管过失涉罪行为进行认真辨别，从我国刑法分则中找到可以适用的刑法罪名，而无须新设立监督管理过失相关的罪名。

第二节　程序法律制度层面的改进举措

航运安全监管过失犯罪的刑事责任追诉的完善，不仅体现在实体法

---

[1] 冯殿美、曹廷生：《论监督过失罪在我国的设立》，载《山东大学学报（哲学社会科学版）》2009年第6期，第95页。

律制度层面，在程序法律制度层面上，首先应当加强对安监人员监管过失涉罪案件的调查工作，并完善安监人员监管过失涉罪案件的移送机制，从而疏通安监人员监管过失涉罪案件的司法移送通道。在此基础上，海事法院也应当将航运安全监管过失涉罪案件纳入其审理范围，从而避免审判资源的浪费，实现量刑公正的司法目标。

一、加强监管过失涉罪案件的调查与移送工作

前文已经提出了航运安全监管过失涉罪案件在调查和移送工作中的障碍。针对上述问题，本书认为，负责水上交通事故调查的海事行政执法机构要充分调动各项资源，各地海事行政执法机构应充分合作，对船舶经营单位或者船舶实际控制人的监管过失涉罪案件进行全面调查。对于涉嫌犯罪的航运安全监管过失案件，不能只是在调查报告中针对船舶经营单位及船舶实际控制人监管不力的行为提出安全管理建议，更不能以罚代刑，否则要承担徇私舞弊不移交刑事案件罪的刑事责任。而若在事故调查中发现存在其他海事行政执法人员具有航运安全监管失职的行为，也不能闭口不谈，或者只是在安全管理建议中提及，否则也可能要承担徇私舞弊不移交刑事案件罪的刑事责任。

二、完善航运安全监管涉罪案件的移送机制

2018年10月26日，第十三届全国人民代表大会常务委员会第六次会议进行修正的《中华人民共和国刑事诉讼法》在附则中增加了"中国海警局履行海上维权执法职责，对海上发生的刑事案件行使侦查权"的规定。由此可见，对于海上发生的交通肇事涉罪案件，海事行政执法机关应当将其移送至海警部门，由海警部门进一步启动刑事侦查程序。但是本书认为，海事行政执法部门也应当将危害结果发生在海上的非国家机关工作人员所涉的航运安全监管过失涉罪案件向海警部门移送。海上交通事故虽然可能由于船舶驾驶人员违反水上交通运输规则的行为，或者直接操作人员违反安全管理相关规定的行为直接引发，但也可能是由于安监人员的监管失职行为间接所致，在两类行为都涉嫌构成犯罪的情

况下，不仅要追究直接行为人的刑事责任，也要追究安监人员监管过失的刑事责任。将海上交通肇事涉罪案件移送到海警部门，而引发同一危害结果的航运安全监管过失涉罪行为移送给其他司法机关进行刑事侦查，会导致针对同一危害结果的多种犯罪行为进行分别调查取证，既浪费了司法资源，也不利于后续案件审理工作的顺利进行。

另外，应当注意的是，2018年3月2日起实施的《中华人民共和国监察法》第34条规定："人民法院、人民检察院、公安机关、审计机关等国家机关在工作中发现公职人员涉嫌贪污贿赂、失职渎职等职务违法或者职务犯罪的问题线索，应当移送监察机关，由监察机关依法调查处置。被调查人既涉嫌严重职务违法或者职务犯罪，又涉嫌其他违法犯罪的，一般应当由监察机关为主调查，其他机关予以协助。"由此赋予了监察机关对国家机关工作人员的渎职涉罪行为的调查权。所以，海事部门应当将海事等政府行政执法人员所涉的航运安全监管过失涉罪案件移送至监察机关，不仅如此，检察机关在审查起诉环节发现的海事等政府行政执法人员的监管过失涉罪案件也应当移送至监察机关进行刑事侦查。

本书认为，应当根据航运安全监管过失涉罪案件的危害结果发生的地点以及航运安全监管过失主体是否具有国家机关工作人员身份，对航运安全监管过失涉罪案件的移送进行区别对待。

首先，对于危害结果发生在海上的不具有国家机关工作人员主体身份的航运安全监管过失涉罪案件，海事行政执法机关应当将其移送给海警部门。2021年2月1日起实施的《中华人民共和国海警法》第5条规定："海上维权执法工作的基本任务是开展海上安全保卫，维护海上治安秩序，打击海上走私、偷渡，在职责范围内对海洋资源开发利用、海洋生态环境保护、海洋渔业生产作业等活动进行监督检查，预防、制止和惩治海上违法犯罪活动。"笔者认为，应当将上述的"海上"进行扩大解释。海警部门管辖的案件，不仅包括危害行为、危害结果都发生在海上的案件，也应当包含危害行为未发生在海上，但危害结果出现在海上的案件。但是对于危害结果发生在海上的，且具有国家机关工作人员主体身份的航运安全监管过失涉罪案件，海事行政执法机关应将案件移送给监察机关。

其次，对于危害结果发生在港口码头的不具有国家机关工作人员主体身份的航运安全监管过失涉罪案件，海事行政执法机关在介入调查后，应当将涉罪案件移送至港口公安机关。港口公安机关具有预防、制止和侦查发生在辖区范围内的违法犯罪活动的职责。所以，当不具有国家机关工作人员身份的航运安全监管过失主体违反了安全管理规定，造成了刑法构成要件危害结果时，在海事行政执法机关进行调查之后，应当将此案件移送至具有管辖权的港口公安机关。如果航运安全监管过失涉罪主体具有国家机关工作人员身份，那么海事行政执法机关应将案件移送至相应的监察机关。

最后，对于危害结果发生在内河水域的不具有国家机关工作人员主体身份的航运安全监管过失涉罪案件，海事行政执法机关在介入调查后，应当将涉罪案件移送至航运公安局机关。例如，武汉海事局可将案件移送到长江航运公安局武汉分局，岳阳海事局可将案件移送到长江航运公安局岳阳分局。如果航运安全监管过失涉罪主体具有国家机关工作人员身份，那么海事行政执法机关应将案件移送至相应的监察机关。

另外，应当注意的是，如果一起航运安全监管过失涉罪案件既涉及国家机关工作人员的渎职涉罪行为，也涉及非国家机关工作人员的监管过失涉罪行为，应当将案件移送至监察机关进行刑事侦查，必要时海警或者其他公安机关进行配合。

三、将航运安全监管过失犯罪案件纳入海事法院审理范围

现阶段，打造国际海事司法中心，建设"海上丝绸之路"等举措，都是为实现海洋强国战略所做出的重要努力。国际海事司法中心并非指某个实体机构或者组织，而是用于描述一种地位和状态，反映了中国海事审判的国际地位和影响力。打造国际海事司法中心的目的是为海洋强国建设提供高标准的法治保障。[1] 国际海事司法中心的建设为海事审判带来了变革的压力与机遇。全面的海事审判范围，高标准的海事审判质量，

---

[1] 王淑梅：《全面加强海事审判正当其时》，载《人民法院报》2018年8月2日，第05版。

公正的海事审判结果都是打造国际海事司法中心的必然要求。海事法院自成立以来，一直都未被正式赋予刑事案件的审判权。但在2017年6月5日，宁波海事法院作为试点海事法院审理了全国首例海事刑事案件，推动了海事法院"三审合一"的审判模式。赋予海事法院刑事审判权是正当且必要的，正如学者所言，刑事司法是最具强制力的审判活动，是维护国家海洋权益不可或缺的重要工具，建立一套民事、行政和刑事审判互为协调的完备的审判制度，是我国服务于亚太地区海洋事业的根本保障。[1]宁波海事法院审理的全国首例海事刑事案件是交通肇事案件，但本书认为，海事法院不仅应对水上发生的交通肇事案件具有刑事审判权，也需要对危害结果发生在水上的重大责任事故案件、重大劳动安全事故案件、玩忽职守等渎职类案件具有管辖权。即在水上交通肇事涉罪案件交由海事法院审判的场合，航运安全监管过失涉罪案件的审理权同时也应当归属于海事法院。这样的做法不仅克服了针对同一危害结果的不同犯罪行为分属不同法院进行审理而浪费司法资源，降低审判效率的弊端，更能有效避免量刑畸轻畸重的现象。

综上所述，海事法院应当进一步推进"三审合一"的审判格局，将刑事案件纳入海事法院的审判范围，审判的涉罪案件不应止步于交通肇事案件，同时还要将航运安全监管过失涉罪案件纳入审判范围。本书认为，应当根据现有的各个海事法院管辖的水域范围[2]，将所辖水域发生的水上交通肇事涉罪案件交由海事法院审理。同时，危害结果发生在海事法院辖区范围内的航运安全监管过失涉罪案件也应当交由相应的海事法院进行审理。另外，为了海事刑事审判工作的顺利进行，应将位于司法审判之前的海事刑事涉罪案件的移送程序进行妥当安排。由于海事法院属于中级人民法院，所以，为了层级对应，本书认为应当在海事法院所在的市检察院设立海事公诉部门，对应海事

---

[1] 参见赵微：《赋予海事法院刑事审判权之正当性分析》，载《法治研究》2015年第1期，第34页。
[2] 我国各个海事法院管辖的水域不同。以宁波海事法院和大连海事法院为例，宁波海事法院管辖浙江全省所属港口和水域，包括所辖岛屿、所属港口和通海的内河水域。大连海事法院不仅管辖了一部分黄海水域和渤海水域，黑龙江省的黑龙江、松花江、乌苏里江等与海相通可航水域、港口发生的海事、海商案件也都由大连海事法院管辖。

法院，专门负责海事犯罪案件的起诉工作。由此，根据前一节所述，接收海事行政执法机关涉罪案件移送的海警部门、港口公安机关、航运公安局或者监察机关应当将涉罪案件移送至海事法院所在市的检察院的海事公诉部门进行起诉。

结　论

　　表面上，水上交通事故的发生是由于从事水上交通运输的驾驶人员违反交通运输规则的行为、从事水上生产作业的直接操作者违反安全生产管理规定的行为，抑或是水上自然因素直接引起。然而，对于船舶安全具有监督管理职责的安监人员不履行或者不充分履行航运安全监管职责也可能是引发水上交通事故的重要原因。航运安全监管过失犯罪的刑事责任问题应当成为理论和实务所关注的问题。但是在刑法理论上，鲜有学者对航运安全监管过失犯罪的涉罪问题进行研究。在探讨航运安全监管过失犯罪的刑事责任问题时，航运安全监管过失犯罪的危害行为、危害结果以及因果关系问题都应当被论及。

　　首先，危害行为是犯罪成立的先决要素，没有危害行为就没有犯罪，所以危害行为是航运安全监管过失涉罪人员承担航运安全监管过失犯罪刑事责任的重要前提。在危害行为层面，航运安全监管过失犯罪的危害行为表现为不履行或者不充分履行航运安全监管职责的不作为，违反了相关航运安全监管注意义务，本质上升高了水上交通事故发生的危险。

　　其次，作为过失犯罪的一种，航运安全监管过失涉罪人员承担航运安全监管过失犯罪刑事责任的前提是产生了刑法构成要件的危害结果。航运安全监管过失犯罪的危害结果通常表现为人员伤亡、财产损失、人员失踪和环境污染。

　　最后，因果关系也是航运安全监管过失犯罪中必备的客观方面构成要件要素。安监人员承担航运安全监管过失犯罪的刑事责任的重要依据是其不履行或不认真履行航运安全监管职责的危害行为与危害后果之间具有刑法上的因果关系。然而，通常情况下，航运安全监管过失犯罪的因果关系具有间接性。这种间接性表现在刑法构成要件危害结果的发生并不是由监管者的监管过失行为直接导致的，而是由介入因素直接引发了危害结果。介入的因素不仅可能是船舶驾驶人员或者在船上进行生产作业的其他船员的过失行为，也可能是自然原因。这种复杂的客观层面的因果关系是司法实践中对安监人员监管过失涉罪行为进行归责的主要障碍。

从事实归因和刑法归责两个层面上对航运安全监管过失犯罪的因果关系分析可知，在事实层面上，航运安全监管失职人员违反航运安全监管义务的行为为介于因素的介入、或者说为介入因素直接引发危害后果提供了机会，因此，可以认为航运安全监管过失行为与危害结果之间存在事实上的因果关系。在结果归责层面上，应当借助结果预见义务以及结果避免可能性理论对航运安全监管过失涉罪行为人是否应当为危害后果承担刑事责任进行判断。

在理论层面对航运安全监管过失犯罪的刑事责任追诉的依据进行阐述后，也要进一步在实体法律制度层面和程序法律制度层面上完善航运安全监管过失涉罪人员刑事责任的追诉机制。在实体法律制度层面上，刑法条文及相关司法解释对航运安全监管过失犯罪所涉罪名的入罪标准和升格法定刑标准的设定并不完善。航运安全监管过失犯罪所涉罪名的入罪标准和升格法定刑标准应当将人员失踪的危害后果考虑在内。另外，鉴于航运安全监管过失犯罪的危害行为可能并不是导致水上交通事故发生的唯一因素，在设置航运安全监管过失犯罪所涉罪名的入罪标准和升格法定刑标准的层面上，要对航运安全监管失职人员对危害结果的发生所承担责任的大小作出具体规定，以实现对航运安全监管过失犯罪行为人正确定罪量刑。

另外，在程序法律制度层面，为了完善航运安全监管过失犯罪刑事责任的追诉机制，应当对航运安全监管过失涉罪案件的调查、移送以及审判工作进行恰当规划。一方面，海事行政执法部门应当对航运安全监管过失案件进行充分的调查，将涉嫌犯罪的案件移送至有管辖权的海警部门、港口公安机关、航运公安机关或者监察机关。另一方面，应当赋予海事法院刑事审判权，海事法院对刑事案件的审判范围不应局限于水上发生的交通肇事涉罪案件，而与水上交通事故的发生具有关联的航运安全监管过失涉罪案件的刑事审判权也应当归属于海事法院，将引起同一个危害结果（同一水上交通事故）的不同的涉罪行为（引发危害结果的直接行为人的过失行为与间接引发危害结果的安监人员的过失行为）分属不同法院审理，不仅浪费了司法资源，也容易造成量刑的不公。此外，为了海事法院顺利行使航运安全监管过失涉罪案件的刑事审判权，海事行政执法部门应将涉罪案件移送至海警部门、港口公安机关、航运公安机关或者监察机关进行侦查，另外，应在海事法院所在市的市检察院设立海事公诉部门，上述机关可将案件移送到具有管辖权的市级检察院的海事公诉部门，再由此公诉部门将案件起诉至海事法院。

参考文献

一、中文文献

（一）专著类

1. 曹菲：《管理监督过失研究——多角度的审视与重构》，法律出版社 2013 年版。
2. 车浩：《阶层犯罪论的构造》，法律出版社 2017 年版。
3. 车浩：《刑法教义的本土形塑》，法律出版社 2017 年版。
4. 陈家林：《外国刑法理论的思潮与流变》，中国人民公安大学出版社、群众出版社 2017 年版。
5. 陈伟炯、殷佩海、吴兆麟：《船舶安全与管理》，大连海事大学出版社 1998 年版。
6. 陈兴良：《教义刑法学》（第三版），中国人民大学出版社 2017 年版。
7. 陈兴良：《刑法的启蒙》（第三版），北京大学出版社 2018 年版。
8. 陈兴良：《刑法总论精释》（第三版），人民法院出版社 2016 年版。
9. 陈兴良：《走向教义的刑法学》，北京大学出版社 2018 年版。
10. 陈兴良：《走向哲学的刑法学》，北京大学出版社 2018 年版。
11. 程皓：《注意义务比较研判——以德国刑法理论和刑事判例为中心》，武汉大学出版社 2009 年版。
12. 邓瑞平等：《海上侵权法比较研究》，厦门大学出版社 2013 年版。
13. 冯军：《刑事责任论》（修订版），社会科学文献出版社 2017 年版。
14. 高铭暄、马克昌主编：《刑法学》（第五版），北京大学出版社、高等教育出版社 2011 年版。
15. 郭自力：《英美刑法》，北京大学出版社 2018 年版。
16. 韩立新：《海上侵权行为法研究》，北京师范大学出版社 2011 年版。
17. 黄京平等：《官员问责制中的刑法问题研究》，中国人民大学出版社 2017

年版。

18. 黄荣坚：《刑罚的极限》，元照出版公司 2000 年版。

19. 黄太云：《立法解读：刑法修正案及刑法立法解释》，人民法院出版社 2006 年版。

20. 劳东燕：《风险社会中的刑法：刑法转型与刑法理论的变迁》，北京大学出版社 2015 年版。

21. 黎宏：《日本刑法精义》（第二版），法律出版社 2008 年版。

22. 李洁：《论罪刑法定的实现》，清华大学出版社 2006 年版。

23. 李翔：《刑法解释的利益平衡问题研究》，北京大学出版社 2015 年版。

24. 梁根林：《刑法总论问题论要》，北京大学出版社 2018 年版。

25. 林山田：《刑法通论》，台湾三民书局 1986 年版。

26. 林钰雄：《新刑法总则》，元照出版公司 2006 年版。

27. 刘宪权：《刑法学》（第四版），上海人民出版社 2016 年版。

28. 刘志伟、王秀梅主编：《时代变迁与刑法发展》，法律出版社 2015 年版。

29. 吕英杰：《客观归责下的监督、管理过失》，法律出版社 2013 年版。

30. 马克昌：《比较刑法原理——外国刑法学总论》，武汉大学出版社 2002 年版。

31. 南英、张军主编：《刑事审判参考》（2001 年第 2 辑），法律出版社 2001 年版。

32. 曲新久：《刑法的逻辑与经验》，北京大学出版社 2008 年版。

33. 孙战国：《犯罪化基本问题研究》，中国法制出版社 2013 年版。

34. 王帅：《刑法解释分歧的司法化解》，中国人民公安大学出版社、群众出版社 2018 年版。

35. 许玉秀：《主观与客观之间——主观理论与客观归责》，法律出版社 2008 年版。

36. 杨兴培：《反思与批评——中国刑法的理论与实践》，北京大学出版社 2013 年版。

37. 叶良方：《海洋环境污染刑法规制研究》，浙江大学出版社 2015 年版。

38. 易益典：《风险社会中监督过失犯罪的刑罚治理》，中国社会科学出版社 2014 年版。

39. 张明楷：《犯罪构成体系与构成要件要素》，北京大学出版社 2010 年版。

40. 张明楷：《刑法学》（第四版），法律出版社 2011 年版。

41. 张明楷：《刑法原理》（第二版），商务印书馆 2017 年版。

42. 张明楷：《行为无价值论与结果无价值论》，北京大学出版社 2012 年版。

43. 赵秉志：《刑法基本理论专题研究》，法律出版社 2005 年版。

44. 赵秉志主编：《刑法基础理论探索》，法律出版社 2002 年版。

45. 赵微、王赟等：《海事犯罪立法与司法研究集锦》，人民交通出版社股份有限公司 2016 年版。

46. 赵微主编：《水上交通犯罪的理论与实务》，黑龙江大学出版社 2012 年版。

47. 周道鸾、张军主编：《刑法罪名精释（上）》（第四版），人民法院出版社 2013 年版。

48. 周道鸾、张军主编：《刑法罪名精释（下）》（第四版），人民法院出版社 2013 年版。

49. 周光权：《法治视野中的刑法客观主义》（第 2 版），法律出版社 2013 年版。

50. 周光权：《刑法客观主义与方法论》，法律出版社 2013 年版。

51. 周明顺主编：《船舶修造安全概论》，人民交通出版社 2011 年版。

（二）译著类

1. ［奥］尤根·埃利希：《法律社会基本原理》，叶名怡、袁震译，中国社会科学出版社 2009 年版。

2. ［德］埃里克·希尔根多夫：《德国刑法学：从传统到现代》，江溯等译，北京大学出版社 2015 年版。

3. ［德］冯·李斯特：《德国刑法教科书》，徐久生译，法律出版社 2006 年版。

4. ［德］冯·李斯特：《论犯罪、刑罚与刑事政策》，徐久生译，北京大学出版社 2016 年版。

5. ［德］汉斯·海因里希·耶赛克、托马斯·魏根特：《德国刑法教科书（上）（下）》，徐久生译，中国法制出版社 2017 年版。

6. ［德］克劳斯·罗克辛：《德国刑法学总论（第 1 卷）》，王世洲译，法律出版社 2005 年版。

7. ［德］乌尔斯·金德霍伊泽尔：《刑法总论教科书》，蔡桂生译，北京大学出版社 2015 年版。

8. ［美］E. 博登海默：《法理学：法律哲学与法律方法》，邓正来译，中国政法大学出版社 2004 年版。

9. ［美］保罗·H. 罗宾逊：《刑法的分配原则——谁应受罚，如何量刑?》，沙丽金译，中国人民公安大学出版社 2009 年版。

10. ［美］本杰明·N. 卡多佐，《法律科学的悖论》，劳东燕译，北京大学出版社 2016 年版。

11. ［美］道格拉斯·N. 胡萨克：《刑法哲学》，谢望原等译，中国人民公安大学出版社 2004 年版。

12. ［美］弗莱彻：《反思刑法》，邓子滨译，华夏出版社 2008 年版。

13. ［美］胡萨克：《刑法哲学》，姜敏译，中国法制出版社 2015 年版。

14. ［美］罗斯科·庞德：《通过法律的社会控制》，沈宗灵译，商务印书馆 2010 年版。

15. ［日］川端博：《刑法总论二十五讲》，余振华译，中国政法大学 2003 年版。

16. ［日］大谷实：《刑法讲义各论》（新版第 2 版），黎宏译，中国人民大学出版社 2008 年版。

17. ［日］大塚仁：《刑法概说（各论）》（第 3 版），冯军译，中国人民大学出版社 2003 年版。

18. ［日］高桥则夫：《规范论和刑法解释论》，戴波等译，中国人民大学出版社 2011 年版。

19. ［日］甲斐克则：《责任原理与过失犯论》，谢佳君译，中国政法大学出版社 2016 年版。

20. ［日］平野龙一：《刑法的基础》，黎宏译，中国政法大学出版社 2016 年版。

21. ［日］前田雅英：《刑法总论讲义》（第 6 版），曾文科译，北京大学出版社 2017 年版。

22. ［日］山口厚：《刑法总论》（第 3 版），付立庆译，中国人民大学出版社 2018 年版。

23. ［日］松宫孝明：《刑法总论讲义》，钱叶六译，中国人民大学出版社 2013 年版。

24. ［日］西田典之：《日本刑法总论》，王昭武、刘明祥译，中国人民大学出版社 2007 年版。

25. ［日］西原春夫：《我的刑法研究》，曹菲译，北京大学出版社 2016 年版。

26. ［日］野村稔：《刑法总论》，全理其、何力译，法律出版社 2001 年版。

27. ［日］佐伯仁志：《刑法总论的思之道·乐之道》，于佳佳译，中国政法大学出版社 2017 年版。

28. ［意］杜里奥·帕多瓦尼：《意大利刑法学原理》，陈忠林译，法律出版社 2004 年版。

29. ［英］H. L. A 哈特、［美］托尼·奥诺尔：《法律中的因果关系》，张绍谦、孙战国译，中国政法大学出版社 2005 年版。

30. ［英］维克托·塔德洛斯：《刑事责任论》，谭淦译，中国人民大学出版社

2009 年版。

(三) 期刊论文类

1. 蔡军：《论国家公务人员监督过失责任追究机制的构建——从矿难事故中刑事责任的追究切入》，载《铁道警官高等专科学校学报》2011 年第 6 期。

2. 蔡圣伟：《重新检视因果历程偏离之难题》，载《东吴法律学报》第 20 卷第 1 期。

3. 曾文科：《不作为犯的归因与归责》，载陈兴良主编：《刑事法评论（第 28 卷）》，北京大学出版社 2011 年版。

4. 车浩：《假定因果关系、结果避免可能性与客观归责》，载《法学研究》2009 年第 5 期。

5. 陈京春：《论食品安全监管渎职类犯罪的因果关系——以"瘦肉精"案件为考察对象》，载《政治与法律》2014 年第 9 期。

6. 陈伟：《监督过失理论及其对过失主体的限定——以法释〔2007〕5 号为中心》，载《中国刑事法杂志》2007 年第 5 期。

7. 陈小炜、殷妮、张鑫、马春艳：《玩忽职守罪的因果关系法律问题研究》，载《北华大学学报（社会科学版）》2015 年第 4 期。

8. 陈新月：《监督过失理论司法适用研究》，载《法治社会》2017 年第 2 期。

9. 陈兴良：《从归因到归责：客观归责理论研究》，载《法学研究》2006 年第 2 期。

10. 陈兴良：《从刑事责任理论到责任主义——一个学术史的考察》，载《清华法学》2009 年第 2 期。

11. 陈兴良：《风险刑法理论的法教义学批判》，载《中外法学》2014 年第 1 期。

12. 陈兴良：《过失犯论的法理展开》，载《华东政法大学学报》2012 年第 4 期。

13. 陈璇：《论过失犯的注意义务违反与结果之间的规范关联》，载《中外法学》2012 年第 4 期。

14. 陈璇：《论客观归责中危险的判断方法——"以行为时全体客观事实为基础的一般人预测"之提倡》，载《中国法学》2011 年第 3 期。

15. 陈璇：《结果无价值论与二元论之争的共识、误区与发展方向》，载《中外法学》2016 年第 3 期。

16. 储槐植、汪永乐：《刑法因果关系研究》，载《中国法学》2001 年第 2 期。

17. 储槐植、杨书文：《复合罪过形式探析——刑法理论对现行刑法内含的新法律现象之解读》，载《法学研究》1999 年第 1 期。

18. 董加伟、王盛：《论中国海洋执法体制——以规范分析为视角》，载《公安海警学院学报》2016 年第 4 期。

19. 董兆玲：《玩忽职守罪因果关系初探》，载《政法学刊》2008 年第 1 期。

20. 杜琪：《环境领域公务员监督过失责任研究》，载《江淮论坛》2012 年第 1 期。

21. 方明聪、高峰：《玩忽职守罪因果关系认定》，载《法制与经济》2012 年第 8 期。

22. 冯殿美、曹廷生：《论监督过失罪在我国的设立》，载《山东大学学报（哲学社会科学版）》2009 年第 6 期。

23. 冯军：《刑法中的自我答责》，载《中国法学》2006 年第 3 期。

24. 高浩翔：《安全生产事故中玩忽职守行为因果关系的认定》，载《法制博览》2016 年第 5 期。

25. 谷筝：《论监督过失的性质及适用范围》，载《学术交流》2014 年第 8 期。

26. 关政军：《船舶交通事故的分析》，载《大连海事大学学报》，1997 年第 1 期。

27. 郭晓敏：《安全生产事故中玩忽职守罪的因果关系认定》，载《法制博览》2016 年第 7 期。

28. 韩玉胜、沈玉忠：《监督过失论略》，载《法学论坛》2007 年第 1 期。

29. 贺恒扬：《渎职犯罪刑法偶然因果关系的认定（上）》，载《中国检察官》2006 年第 10 期。

30. 侯国云、梁志敏：《论不作为犯罪的因果关系》，载《法律科学》2001 年第 1 期。

31. 侯艳芳：《环境监管过失的注意义务与司法认定》，载《政治与法律》2016 年第 12 期。

32. 胡志武、文旭鹏、王胜正：《非现场海事监管模式》，载《航海技术》2015 年第 4 期。

33. 姜涛：《规范保护目的：学理诠释与解释实践》，载《法学评论》2015 年第 5 期。

34. 金俊：《玩忽职守罪司法实务问题探讨》，载《铁道警官高等专科学校学报》2013 年第 6 期。

35. 劳东燕：《风险分配与刑法归责：因果关系理论的反思》，载《政法论坛》2010 年第 6 期。

36. 劳东燕：《结果无价值论与行为无价值论之争的中国展开》，载《清华法学》

2015年第3期。

37. 劳东燕：《事实因果与刑法中的结果归责》，载《中国法学》2015年第2期。

38. 劳东燕：《刑法中的客观不法与主观不法》，载《比较法研究》2014年第4期。

39. 劳东燕：《责任主义与过失犯中的预见可能性》，载《比较法研究》2018年第3期。

40. 劳东燕：《罪责的客观化与期待可能性的命运》，载《现代法学》2008年第5期。

41. 劳东燕：《罪责的社会化与规范责任论的重构》，载《南京师范大学学报》2009年第2期。

42. 黎宏：《过失犯若干问题探讨》，载《法学论坛》2010年第3期。

43. 黎宏：《重大责任事故罪相关问题探析》，载《北方法学》2008年第5期。

44. 黎映桃、汪玉凯：《中国海事管理体制改革研究——背景、问题与现实愿景》，载《中共浙江省委党校学报》2008年第2期。

45. 李川：《不作为因果关系的理论流变与研究进路》，载《法律科学（西北政法大学学报）》2016年第1期。

46. 李冠煜：《客观归责论再批判与我国刑法过失论的完善》，载《法学家》2016年第2期。

47. 李国凯：《水上交通安全风险及防控》，载《大连海事大学学报》2010年第4期。

48. 李国庆、泰鹏：《环境监管失职罪归责的规范分析》，载《北京理工大学学报（社会科学版）》2017年第6期。

49. 李健：《犯罪构成中的危害结果新探》，载《现代法学》1995年第2期。

50. 李兰英、马文：《监督过失的提倡及其司法认定》，载《中国刑事法杂志》2005年第5期。

51. 李腾：《安全生产中玩忽职守罪因果关系认定思路研究》，载《河南司法警官职业学院学报》2016年第4期。

52. 李之圣：《过失犯理论与信赖原则的变迁与检讨——兼论医者对患者之信赖》，载《台湾刑事法杂志》2007年第4期。

53. 林东茂：《客观归责理论》，载《北方法学》2009年第5期。

54. 刘崇亮：《论注意义务——客观的过失概念》，载《中国人民公安大学学报（社会科学版）》2012年第2期。

55. 刘德学：《如何落实航运企业安全生产主体责任》，载《中国水运》2010年第 12 期。

56. 刘佳洁、阎铁毅：《论中国海事局法定职权与事权的关系》，载《中国海商法研究》2015 年第 3 期。

57. 刘期湘：《监督过失的概念界定》，载《文史博览（理论）》2008 年第 6 期。

58. 刘雪梅、刘丁炳：《信赖原则在监督管理过失中的适用研究》，载《中国刑事法杂志》2009 年第 8 期。

59. 刘艳红：《客观归责理论：质疑与反思》，载《中外法学》2011 年第 6 期。

60. 刘艳红：《实质刑法的体系化思》，载《法学评论》2014 年第 4 期。

61. 卢君、王庆：《不纯正不作为犯罪的司法认定——基于形式作为义务和实质作为义务的比较研究》，载《法律适用》2013 年第 5 期。

62. 吕翰岳：《作为与不作为之区分的目的理性思考——以德国判例与学说为借镜》，载《环球法律评论》2017 年第 4 期。

63. 吕英杰：《监督过失的客观归责》，载《清华法学》2008 年 4 期。

64. 吕英杰：《论客观归责与过失不法》，载《中国法学》2012 年第 5 期。

65. 吕英杰：《论责任过失——以预见可能性为中心》，载《法律科学（西北政法大学学报）》2016 年第 3 期。

66. 马剑萍：《玩忽职守罪因果关系认定的思考》，载《中国检察官》2012 年第 4 期。

67. 马先山：《大舜号海难操纵因素探究》，载《天津航海》2007 年第 2 期。

68. 聂慧苹：《论危害结果在犯罪构成体系中的地位与功能》，载《当代法学》2011 年第 4 期。

69. 彭凤莲：《监督过失责任论》，载《法学家》2004 年第 6 期。

70. 彭文华：《危害结果概念：反思与重构》，载《中国刑事法杂志》2010 年第 8 期。

71. 钱叶六：《监督过失理论及其适用》，载《法学论坛》2010 年第 3 期。

72. 任晶晶：《玩忽职守罪因果关系认定之三步拆解法》，载《人民检察》2015 年第 3 期。

73. 孙运梁：《过失犯的客观归责：以结果避免可能性为中心》，载《比较法研究》2017 年第 5 期。

74. 谭淦：《监督过失的一般形态研究》，载《政法论坛》2012 年第 1 期。

75. 万刚：《论水上交通安全风险源管理》，载《中国水运》2015 年第 12 期。

76. 王珏：《罪责观念中自由与预防的维度——以相对意志自由为前提的经验功能责任论之提倡》，载《比较法研究》2015 年第 2 期。

77. 王良顺：《管理、监督过失及其判断》，载《政法论坛》2010 年第 11 期。

78. 王秀芬：《中国海洋行政执法主体研究》，载《大连海事大学学报（社会科学版）》2005 年第 1 期。

79. 吴步钦：《论玩忽职守罪之特征》，载《人民检察》2001 年第 2 期。

80. 吴志华、林孝鸿、胡甚平、张锦朋：《沿海水上交通安全网格化管理模式的设计与实现》，载《中国航海》2011 年第 1 期。

81. 向力：《海上行政执法的主体困境及其克服——海洋权益维护视角下的考察》，载《武汉大学学报（哲学社会科学版）》2011 年第 5 期。

82. 谢望原：《犯罪结果浅论》，载《法学杂志》1990 年第 6 期。

83. 谢雄伟：《监督过失中因果关系的"二阶判断"》，载《政治与法律》2016 年第 5 期。

84. 谢雄伟：《论监督过失的体系定位、本质与类型》，载《广东社会科学》2015 年第 1 期。

85. 谢煜伟：《条件理论与因果判断》，载《月旦法学杂志》2007 年第 7 期。

86. 谢治东、郭竹梅：《关于重大责任事故罪若干问题之检讨——以〈刑法修正案（六）〉为视角》，载《法学杂志》2009 年第 6 期。

87. 谢治东：《论结果回避可能性与过失犯的归责》，载《政法论坛》2017 年第 2 期。

88. 徐恒达：《合法替代行为与过失犯的结果归责：假设容许风险实现理论的提出与应用》，载《台大法学论丛》2011 年第 6 期。

89. 徐凌波：《义务违反的竞合与结果可避免性》，载《南京大学学报（哲学·人文科学·社会科学）》2018 年第 2 期。

90. 徐梦萍：《介入因素情况下刑法因果关系及刑事责任归咎》，载《河南科技学院学报》2012 年第 1 期。

91. 许发民：《风险社会的价值选择与客观归责论》，载《甘肃政法学院学报》2008 年第 5 期。

92. 许恒达：《合法替代行为与过失犯的结果归责：假设容许风险实现理论的提出与应用》，载《台大法学论丛》2011 年第 2 期。

93. 杨海强：《刑法因果关系的认定——以刑事审判指导案例为中心的考察》，载《中国刑事法杂志》2014 年第 3 期。

94. 杨建军、周绍忠：《监督过失责任研究》，载《国家检察官学院学报》2010 年第 5 期。

95. 杨兴培：《"三阶层模式"工具效用局限性的反思与批评》，载《上海政法学院学报》2017 年第 4 期。

96. 杨兴培：《论不作为犯罪义务来源的法律属性》，载《政治与法律》2014 年第 6 期。

97. 杨绪峰：《条件说的困境与结果归责的类型化》，载《中国刑事法杂志》2015 年第 4 期。

98. 杨志国：《玩忽职守罪因果关系司法认定模式研究》，载《人民检察》2007 年 19 期。

99. 姚瑶：《船舶经营者监管失职涉罪行为归责问题研究》，载《法律适用》2018 年第 7 期。

100. 姚瑶：《水上交通肇事逃逸的刑法规制》，载《华东政法大学学报》2019 年第 1 期。

101. 叶俊南：《犯罪结果概念研究》，载《中国法学》1996 年第 6 期。

102. 易益典：《监督过失犯罪中主体范围的合理界定》，载《法学》2013 年第 3 期。

103. 易益典：《监督过失型渎职犯罪的因果关系判断》，载《法学》2018 年第 4 期。

104. 于改之、吴玉萍：《刑法中的客观归责理论》，载《法律科学（西北政法学院学报）》2007 年第 3 期。

105. 张纪寒、周新：《论犯罪结果的本质》，载《中南法学学报（社会科学版）》2011 年第 6 期。

106. 张明楷：《"客观的超过要素"概念之提倡》，载《法学研究》1999 年第 3 期。

107. 张明楷：《论被允许的危险的法理》，载《中国社会科学》2012 年第 11 期。

108. 张明楷：《也谈客观归责理论——兼与周光权、刘艳红教授商榷》，载《中外法学》2013 年第 2 期。

109. 赵秉志、刘志伟：《犯罪过失理论若干争议问题研究》，载《法学家》2000 年第 5 期。

110. 赵微、隋毅：《"VTS"职务过失罪与非罪的法理分析》，载《中国海商法研究》2012 年第 2 期。

111. 赵微、王慧：《水上交通事故"人员失踪"的刑法定性研究》，载《苏州大学学报》2013 年第 1 期。

112. 赵微：《赋予海事法院刑事审判权之正当性分析》，载《法治研究》2015 年第 1 期。

113. 郑泽善：《过失犯的构造及预见可能性》，载《昆明理工大学学报（社会科学版）》2012 年第 2 期。

114. 周光权：《渎职犯罪疑难问题研究》，载《人民检察》2011 年第 19 期。

115. 周光权：《犯罪构成理论：关系混淆及其克服》，载《政法论坛》2003 年第 6 期。

116. 周光权：《行为无价值论与主观违法要素》，载《国家检察官学院学报》2015 年第 1 期。

117. 周光权：《结果回避义务研究——兼论过失犯的客观归责问题》，载《中外法学》2010 年第 6 期。

118. 周光权：《结果假定发生与过失犯——履行注意义务损害仍可能发生时的归责》，载《法学研究》2005 年第 2 期。

119. 周光权：《客观归责方法论的中国实践》，载《法学家》2013 年第 6 期。

120. 周光权：《刑法中的因果关系和客观归责论》，载《江海学刊》2005 年第 3 期。

121. 周铭川、黄丽勤：《论实行行为的存在范围与归责原则的修正》，载《中国刑事法杂志》2005 年第 5 期。

122. 周铭川：《过失犯的行为构造》，载《中国刑事法杂志》2008 年第 6 期。

123. 周漾沂：《从客观转向主观：对于刑法上结果归责理论的反省与重构》，载《台大法学论丛》第 43 卷第 4 期。

124. 庄劲：《客观归责还是主观归责？——一条"过时"的结果归责思路之重拾》，载《法学家》2015 年第 3 期。

125. 邹兵：《论过失犯的实行行为》，载《中国刑事法杂志》2012 年第 1 期。

126. 邹兵建：《刑法因果关系的司法难点——基于刑事司法判例全样本的实证研究》，载《政治与法律》2015 年第 12 期。

二、外文文献

（一）著作类

1. Andrew Halpin, *Definition in the Criminal Law*, Oxford: Hart Publishing, 2004.

2. David Garland, *The Culture of Control, Crime and Social Order in Contemporary Society*, Chicago: The University of Chicago Press, 2001.

3. H. L. A Hart, Tony Honore, *Causation in the Law*, Oxford: the Clarendon

Press, 1985.

4. Kelvin J. Heller, Markus D. Dubber ed., *The Handbook of Comparative Criminal Law*, Stanford: Stanford University Press, 2011.

5. David Ormerod, *Smith & Hogan Criminal Law*, 11th Edition, Oxford: Oxford University Press, 2005.

6. Dressler, *Understanding Criminal Law*, New York: Matthew Bender & Co., 1987.

7. George Fletcher, *Basic Concepts Of Criminal Law*, New York: Oxford University Press, 1998.

8. Joshua Dressler, *Understanding Criminal Law*, 3th Edition, New York : Lexs Publishing, 2011.

9. Markus D. Dubber, Tatjana Hoernle, *Criminal Law: A Comparative Approach*, New York: Oxford University Press, 2014.

10. Sanford H. Kadish, Stephen J Schulhofer, *Criminal Law and Its Processes*, 7th Edition, New York: Aspen Publishers, 2001.

（二）英文论文

1. Albert W. Alschuler, 'Two Ways to Think about the Punishment of Corporations', 46 American Criminal Law Review 1359 (2009).

2. Elizabeth A. Plimpton, Danielle Walsh, 'Corporate Criminal Liability', 47 American Criminal Law Review 331 (2010).

3. James G. Stewart, 'A Pragmatic Critique of Corporate Criminal Theory: Lessons from the Extremity', 16 New Criminal Law Review 261 (2013).

4. Juliet P. Stumpf, 'Looking For Wrongs In All The Right Places', 42 New England Journal On Criminal And Civil Confinement (2016).

5. Kenneth J. Arenson, Thabo Meli Revisited, 'The Pernicious Effects of Resultdriven Decisions', 77 The Journal of Criminal Law (2013).

6. Kenneth W. Simons, 'When is Strict Criminal Liability Just?', 87 Journal of Criminal Law and Criminology 1075 (1997).

7. Kyron Huigens, 'Virtue and Criminal Negligence', 1 Buffalo Criminal Law Review 431 (1998).

8. L. Song Richardson, 'when Human Experimentation Is Criminal', 99 Journal of Criminal Law and Criminology (2009).

9. Marcelo Ferrante, 'Causation in Criminal Responsibility', 11 New Criminal Law Re-

view 470 (2008).

10. MichaelTonry,'Purposes and Functions of Sentencing', 34 Crime And Justice 1 (2006).

11. Patricia Smith,'Legal Liability and Criminal Omissions', 5 buffalo Criminal Law Review 69 (2001).

12. Shachar Eldar, Elkana Laist, 'The Irrelevance of Motive and the Rule of Law', 20 New Criminal Law Review 433 (2017).

13. Stephen P. Garvey,'Tempering Justice with Compassion', 15 Ohlo State Journal of Criminal Law 283 (2018).

14. Vera Bergelson,'Victims and Perpetrators: an Argument for Comparative Liability in Criminal Law' 8 Buffalo Criminal Law Review 385 (2005).

15. Victor Tadros,'The Scope and the Grounds of Responsibility', 11 New Criminal Law Review 91 (2008).

三、学位论文

1. 高星：《监督过失犯罪研究——以食品监管渎职罪为视角》，大连海事大学2013年博士学位论文。

2. 李凡：《刑事违法性理论研究》，吉林大学2009年博士学位论文。

3. 谈在祥：《医疗过失行为的刑法规制研究》，华东政法大学2014年博士学位论文。

4. 王冠：《我国公务员监督过失犯罪研究》，上海交通大学2008年博士学位论文。

5. 王慧：《水上交通犯罪刑事责任研究》，大连海事大学2013年博士学位论文。

6. 易益典：《监督过失犯罪论》，华东政法大学2012年博士学位论文。

7. 张丽丽：《水上交通事故致因问题研究》，大连海事大学2017年博士学位论文。

8. 朱兴：《刑事归责研究》，西南政法大学2011年博士学位论文。

四、报刊文献

1. 王淑梅：《全面加强海事审判正当其时》，《人民法院报》2018年8月2日第05版。

2. 赵微："海难事故，如何追究刑责"，《光明日报》2017年11月16日第15版。

3. 赵微:"航运开道 法律护航",《光明日报》2014 年 12 月 27 日第 07 版。

4. 周献恩、黄慧慧:"渡运安全:承载生命之盼",《中国交通报》2012 年 12 月 25 日第 06 版。

五、电子文献

1.《"大舜"号翻沉 282 人死亡 烟台海难四责任人被起诉》,搜狐新闻:http://news.sohu.com/34/27/news145382734.shtml,最后访问日期:2019 年 3 月 2 日。

2《"东方之星"沉船事件调查:多部门监督检查存在问题》,中国新闻网:http://www.chinanews.com/gn/2015/12-30/7695364.shtml,最后访问日期:2019 年 5 月 1 日。

3.《交通运输部海事局关于对近期几起碰撞事故通报的紧急通知》,搜狐网:http://www.sohu.com/a/221420931_693763,最后访问日期:2019 年 1 月 20 日。

4.《频发的海上事故 对船员管理的思考》,中国海员之家:http://www.54seaman.com/forum/detail_35288.html.最后访问日期:2019 年 3 月 2 日。

5.《桑吉轮连烧 7 天或爆炸 13.6 万吨油会不会污染东海?》,新闻中心:http://news.sina.com.cn/c/nd/2018-01-13/doc-ifyqptqv8647430.shtml,最后访问日期:2019 年 3 月 7 日。

致　谢

　　本书的出版实现了我的研究著作从无到有的质变，与此同时，也开启了我学术生涯的新起点，使我在学术研究领域跨出了新的一步。能有今日的成长，我首先要感谢我的两位恩师——赵微教授与马长山教授。在赵老师不辞辛劳的教导与指引下，我掌握了安身立命的学术本领，学业有所精进，赵老师在生活上对我的关心与爱护也让我难以忘怀。感谢恩师马长山教授，马老师出现在我最无助与迷茫的时刻，给予了我勇气与无私的帮助，指引我前进的道路，并且赋予了我前行的力量。师恩难忘，地久天长。祝愿两位恩师身体康健，桃李芬芳。

　　在我成长的道路上，也还有很多贵人给予了我帮助。感谢大连医科大学石悦教授，在我生活与工作困顿的时刻，给予我指引与呵护；感谢大连海洋大学裴兆斌教授，给予我学业与工作上的支持与鼓励；感谢师门的兄弟姐妹，给予我大家庭的关怀与温暖；感谢我的父母，母亲教会了我勤劳与善良，父亲教会了我乐观与质朴，他们给予我的爱是我生命中最宝贵的财富；感谢我的妹妹给予我的理解与支持；感谢我的爱人这么多年来的关怀与陪伴，也特别感谢知识产权出版社的庞从容老师与赵利肖师妹，她们不仅业务能力强，也给予了作为新手作者的我充分的包容与关爱，没有她们的辛勤付出，就不可能有本书的最终出版。

　　我深知本书的研究内容比较小众，研究理论尚不够深入。在未来的学术研究中，我会不断扩展研究视野，加强理论研究深度，以更具学术价值的研究成果回馈恩师的培养、师兄妹的关怀与亲朋好友的关爱！